MUSIKTHEORIE KURZ GEFASST

# Allgemeine Musiklehre

## Julia Winterson
In Zusammenarbeit
mit Paul Harris

AF074047

Eine Gemeinschaftspublikation von

## Danksagung

Ich bedanke mich bei Barry Russell für dessen Hilfe und
Ratschläge. Mein weiterer Dank gilt den Studenten des Bereichs
Musiktechnologie und Pop an der Universität Huddersfield.

*Julia Winterson*

Englische Originalausgabe: © 2014 by Faber Music Ltd and Peters Edition Ltd, London
All rights administered worldwide by Faber Music Ltd and Peters Edition Ltd, London
Deutsche Ausgabe © 2015 by Faber Music Ltd and Peters Edition Ltd, London
All rights administered worldwide by Faber Music Ltd and Peters Edition Ltd, London

ISBN 978-1-84367-055-1

Übertragung ins Deutsche: Evmary Pfündl-Frittrang, unter Mitarbeit von Susanne Eckel
Umschlaggestaltung: Goscha Nowak
Satz: Susan Clarke
Notensatz: Musicset 2000
Druck: Caligraving Ltd (England)

Alle Rechte vorbehalten · All rights reserved
Vervielfältigungen jeglicher Art sind gesetzlich verboten.
Any unauthorized reproduction is prohibited by law.

www.editionpeters.com
vertrieb@editionpeters.com
www.fabermusic.com
sales@fabermusic.com

# Inhalt

Rhythmus  *1*

Tonhöhen  *19*

Tonleitern  *35*

Harmonik  *49*

Transposition  *65*

Instrumente und Stimmen  *73*

Rhythmus, Melodie und Text  *91*

Verzierungen  *101*

Begriffe und Zeichen  *109*

Anhang 1: Tonleitern und Kirchentonarten  *119*

Anhang 2: Weitere Hörbeispiele  *124*

Anhang 3: Epochen der Musikgeschichte  *128*

Verzeichnis musikalischer Begriffe  *130*

Index  *137*

## Vorwort

Woran denkt man als erstes bei dem Begriff ‚Musiktheorie'? Langeweile? Fleißarbeit? Lästiger Prüfungsstoff? Diese Assoziationen kommen leider allzu häufig vor. Viele Musiker unterschätzen den Zusammenhang zwischen Theorie und Praxis in der Musik. Gerade diese Verbindung ist von essentieller Bedeutung: Kann man von sich behaupten, ein echter Musiker zu sein, ohne Wertschätzung dafür, was die Musik ausmacht, und ohne zu verstehen, wie deren ‚Zutaten' zu handhaben sind und verändert werden können?

*Musiktheorie kurz gefasst: Allgemeine Musiklehre* ist eine einschlägige praktische Einführung in die Musik mit Hilfe der Musiktheorie: Für jeden, der sich für Musik interessiert, sind die wesentlichen musikalischen Elemente, Ansätze und Fakten übersichtlich und leicht verständlich dargestellt. Dank der Notenbeispiele, Höranregungen und Anleitungen zum Komponieren und Transponieren ist die praktische Musik stets mit eingebunden, so dass hier nicht nur deren *Theorie* der Musik, sondern die Musik als Ganzes im Mittelpunkt steht.

Dieses Buch ist für Studierende, Lehrende oder interessierte Musikausübende und -schaffende, die ihren musikalischen Horizont erweitern wollen, sicher ebenso faszinierend und unentbehrlich wie für mich.
*Paul Harris, September 2014*

## Die Autoren

**Julia Winterson** absolvierte ein praktisches Musikstudium an der Royal Academy of Music in London und wurde im Fach Musikwissenschaft an der Universität York (GB) promoviert. Neben einem Lehrauftrag an der Universität Huddersfield ist sie freiberuflich als Autorin und Wissenschaftlerin tätig. Zuvor leitete sie die Abteilung Neue Musik im Verlag Edition Peters London und war Fachbeauftragte für einen landesweit tätigen Prüfungsrat in Großbritannien; in dieser Funktion entwickelte sie Musikprüfungen für diverse berufsqualifizierende Schulabschlüsse. Zu ihren Veröffentlichungen zählen sieben Bände mit ausgewähltem Musikprüfungsrepertoire, das Lehrbuch *Pop Music: The Text Book* sowie zahlreiche Beiträge in Musikmagazinen und wissenschaftlichen Zeitschriften.

**Paul Harris** ist ein äußerst gefragter Musikpädagoge, der vor allem durch seinen innovativen Lernansatz des *Simultanen Lernens* bekannt wurde. Er hat über 600 Publikationen veröffentlicht, darunter *Der Virtuose Lehrer*, *Die neue Leichtigkeit des Übens*, *Simultanes Lernen* und die erfolgreiche Reihe *Fit vom Blatt* (Gemeinschaftspublikationen von Faber Music und Edition Peters). Er schreibt regelmäßig Beiträge über Musikpädagogik und ist weltweit als Workshop- und Seminarleiter gefragt.

# Rhythmus

„Rhythmus ist überall. Rhythmus existierte bereits, bevor sich der Mensch entwickelt hat: Er ist eine elementare Kraft. Es gibt den Rhythmus des Lebens: unseren Herzschlag, unseren Puls, die Atmung, das Gehen in regelmäßigem Tempo. Der Rhythmus der Natur: Tag und Nacht, die Zeit. Der Rhythmus der Worte: Sprache und Poesie. Der Rhythmus der modernen Welt: Maschinen, Transportwesen, das Ticken der Uhren. Rhythmus entsteht durch sich wiederholende Bewegungs- oder Klangmuster; tatsächlich ist er der Herzschlag der Musik. Er besteht aus dem Grundpuls, der relativen Länge von Tönen, einem Gefühl für Betonungen und einem allgemeinen Gespür für die Bewegung, die die Musik (und das Leben) vorantreibt."

*Paul Harris*

## Notenwerte und Pausen

Unter *Rhythmus* versteht man die Einteilung von Klängen in bestimmte Muster innerhalb eines bestimmten Zeitraums. Diese Muster werden durch **Noten** (Töne) und **Pausen** (Stille) unterschiedlicher Länge dargestellt. Die musikalische Notation bedient sich hierbei eines Liniensystems (vgl. Seite 20). Während die *Position* einer Note auf den Linien ihre **Tonhöhe** anzeigt (vgl. Seite 19), weist die *Form* der Note auf ihre relative **Tondauer** im Verhältnis zu anderen Noten hin. **Pausen** sind Platzhalter für Stille.

*Längere Dauer*

| Bezeichnung | Notenwert | Pause |
|---|---|---|
| Ganze | o | ▬ |
| Halbe | ♩ oder ♀ | ▬ |
| Viertel | ♩ oder ♩ | 𝄽 |
| Achtel | ♪ oder ♪ | 𝄾 |
| Sechzehntel | ♬ oder ♬ | 𝄿 |
| Zweiunddreißigstel | ♬ oder ♬ | 𝅀 |

*Kürzere Dauer*

Zwei Notenwerte treten weniger häufig in Erscheinung: die **Doppelganze** |o| (oder ╪) und die **Vierundsechzigstel** ♬.

> Ganze und halbe Pausen sehen fast gleich aus: die halbe Pause sitzt auf der Linie, während die ganze Pause unterhalb der Linie hängt. Eine Merkhilfe könnte die Vorstellung sein, dass die halbe Pause schwimmt (weil sie kleiner ist), und die ganze Pause untergegangen ist (weil sie größer ist).

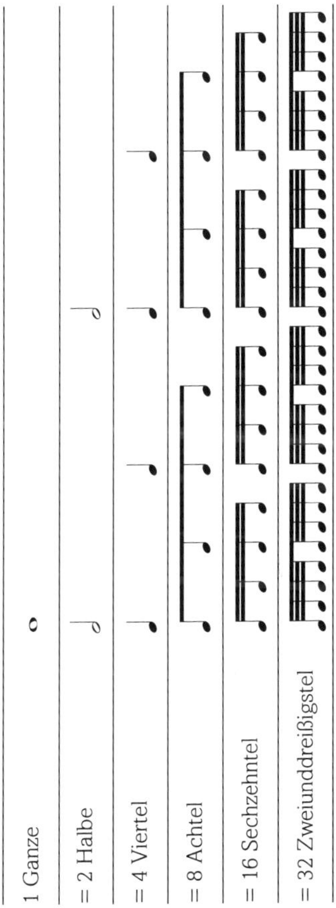

1 Ganze

= 2 Halbe

= 4 Viertel

= 8 Achtel

= 16 Sechzehntel

= 32 Zweiunddreißigstel

*Die relative Dauer der Notenwerte*

4 Rhythmus

## Punktierte Noten

Die Dauer von Noten oder Pausen wird durch Hinzufügen eines Punkts verlängert. Ein Punkt erhöht den Wert einer Note oder Pause um die Hälfte.

*Noten*              *Pausen*

♪. = ♪ + ♫           𝄿· = 𝄿 + 𝄾

♩. = ♩ + ♪           𝄽· = 𝄽 + 𝄿

♩. = ♩ + ♪           𝄽· = 𝄽 + 𝄾

𝅗𝅥. = 𝅗𝅥 + ♩          ▬· = ▬ + 𝄽

𝅝· = 𝅝 + 𝅗𝅥          ▬· = ▬ + ▬

Ein zweiter Punkt verlängert die Note um ein weiteres Viertel (um die Hälfte der Dauer des ersten Punkts). Man spricht hier von **doppelter Punktierung**.

*Noten*                       *Pausen*

♪.. = ♪ + ♫ + ♬              𝄿·· = 𝄿 + 𝄾 + 𝄿

♩.. = ♩ + ♪ + ♫              𝄽·· = 𝄽 + 𝄿 + 𝄾

♩.. = ♩ + ♪ + ♫              𝄽·· = 𝄽 + 𝄽 + 𝄿

𝅗𝅥.. = 𝅗𝅥 + ♩ + ♪             ▬·· = ▬ + 𝄽 + 𝄿

𝅝·· = 𝅝 + 𝅗𝅥 + ♩             ▬·· = ▬ + ▬ + 𝄽

## Übergebundene Noten

Die Dauer einer Note kann auch durch das Anbinden einer weiteren Note derselben Tonhöhe erhöht werden. Ein Haltebogen ⌣ ist eine gebogene Linie, die den Notenwert beider Töne zusammen addiert. Solche Bögen werden oft verwendet, um Töne über den **Taktstrich** hinaus zu verlängern (vgl. unten ‚*Takte und Taktstriche*').

𝅗𝅥 ⌢ 𝅗𝅥 = 𝅗𝅥 + 𝅗𝅥 = 𝅝.

♩ ⌢ 𝅗𝅥 = ♩ + 𝅗𝅥 = ♩·

> Es existieren Regeln darüber, wann Haltebögen oder Verlängerungspunkte zu verwenden sind (vgl. Seite 13). Bei Pausen werden keine Haltebögen verwendet.

# Takte und Taktstriche

Musik wird in **Takte** eingeteilt, denen eine bestimmte Anzahl von **Zählzeiten** zugrunde liegt. Die Takte werden durch **Taktstriche** voneinander getrennt.

Mit **Grundpuls** ist die gleichmäßige Unterteilung von Zeit, also auch von Takten gemeint. Beim Dirigieren werden die Hauptzählzeiten hervorgehoben – den stärksten Akzent hat der erste Schlag. Man unterscheidet:
- **zweiteilige** Takte mit 2 Schlägen pro Takt oder einem Vielfachen (4, 8)
- **dreiteilige** Takte mit 3 Schlägen pro Takt oder einem Vielfachen (6, 9)

Ein Schlag kann hierbei den Wert einer Halben, Viertel, Achtel oder jeden anderen Notenwert haben. Häufigster Wert ist die Viertel.

# Taktbezeichnungen

Die Taktbezeichnung befindet sich am Anfang eines Musikstücks, direkt nach der Tonartangabe (vgl. Seite 38). Sie gibt Auskunft über:
- die Anzahl der Schläge in jedem Takt
- den Notenwert der Schläge.

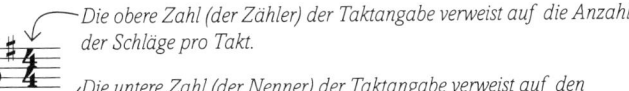

Im Gegensatz zur Tonartangabe befindet sich die Taktangabe nicht am Beginn jeder Notenzeile. Bleibt die Taktart innerhalb eines Stückes unverändert, wird sie nur einmal angegeben. Nur bei Taktwechseln wird eine neue Taktangabe benötigt.

> Taktbezeichnungen werden in der westlichen Musik seit ca. 1700 verwendet.

## Einfache Taktarten

Einfache Taktarten sind die Grundtaktarten: Der Zähler ist eine 2 oder 3, in seltenen Fällen auch eine 1. Egal, ob zweiteiliger (gerader) oder dreiteiliger (ungerader) Takt, die Betonung liegt bei einfachen Taktarten ausschließlich auf der Takt-Eins.

Beispiele für einfache Taktarten:

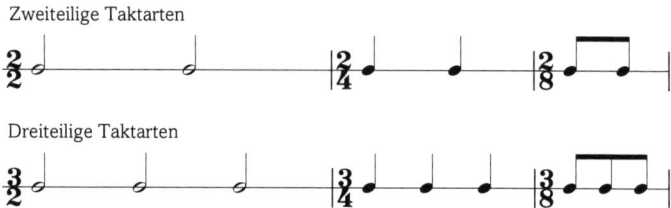

## Symmetrisch zusammengesetzte Taktarten

Einfache Taktarten können zu größeren Taktarten zusammengesetzt werden; der Zähler ist also immer ein Vielfaches von 2 oder 3, beispielsweise $\frac{4}{4}$, $\frac{6}{8}$ oder $\frac{12}{8}$. Die Betonungen im zusammengesetzten Takt liegen immer auf dem ersten Schlag der kleineren Einheit, aus der die Taktart zusammengesetzt ist.

Beispiele für symmetrisch zusammengesetzte Taktarten:

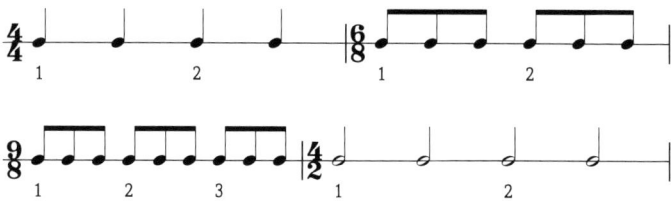

## Taktangaben und Sonderzeichen

$\frac{4}{4}$ (vier Viertel in einem Takt) ist die meistverwendete Taktbezeichnung. Sie wird auch mit dem Buchstaben **C** versehen:

Das Zeichen ¢ bedeutet $\frac{2}{2}$ (zwei Halbe in einem Takt). Diese Taktart wird auch **alla breve** genannt.

Man beachte den Unterschied zwischen einem $\frac{3}{4}$- und einem $\frac{6}{8}$-Takt: Beide Takte bestehen aus insgesamt sechs Achtelnoten; der $\frac{3}{4}$-Takt ist als einfache Taktart in drei gleiche Schläge unterteilt, der $\frac{6}{8}$-Takt als zusammengesetzter Takt besteht hingegen aus zwei Schlägen mit jeweils drei Achtelnoten:

Strawinskys 1913 entstandenes Ballett *Le Sacre du Printemps* ist für seine rhythmische Energie bekannt. Im Finale, dem ‚Danse Sacrale', gibt es bei den ersten sieben Takten fünf Taktwechsel: $\frac{3}{16} - \frac{2}{16} - \frac{3}{16} - \frac{2}{8} - \frac{2}{16} - \frac{3}{16}$

# Asymmetrisch zusammengesetzte Taktarten

Alle bisherigen Taktarten konnten in gleiche Einheiten zu je zwei, drei oder vier Schlägen pro Takt unterteilt werden. Es gibt auch Taktarten, die ungleichmäßig aufgeteilt werden.

## Fünfertakte

Bei $\frac{5}{4}$ und $\frac{5}{8}$ werden die fünf Schläge entweder in 2 + 3 oder 3 + 2 unterteilt. Ein berühmtes Beispiel für einen $\frac{5}{4}$-Takt ist der zweite Satz von Tschaikowskys 6. Sinfonie – *Pathétique*. Der Takt wird hier in 2 + 3 unterteilt:

*Auszug aus dem Allegro con grazia (II) der Sinfonie Nr. 6 (1893) von P. Tschaikowsky*

> In seiner Oper *Orlando* verwendet Händel mehrmals $\frac{5}{8}$-Takte während einer $\frac{4}{4}$-Passage, um die Verzweiflung des Helden über dessen unerwiderte Liebe darzustellen.

## Siebenertakte

Bei $\frac{7}{4}$ und $\frac{7}{8}$ können die sieben Schläge in verschiedene Kombinationen aus zwei, drei oder vier Schlägen unterteilt werden, z.B.: 2 + 3 + 2, 3 + 2 + 2 oder 4 + 3. Vor dem zwanzigsten Jahrhundert waren Siebenertakte selten; 1849 komponierte der französische Komponist Charles Valentin Alkan das Klavierstück *Air à 7 temps* im $\frac{7}{4}$-Takt:

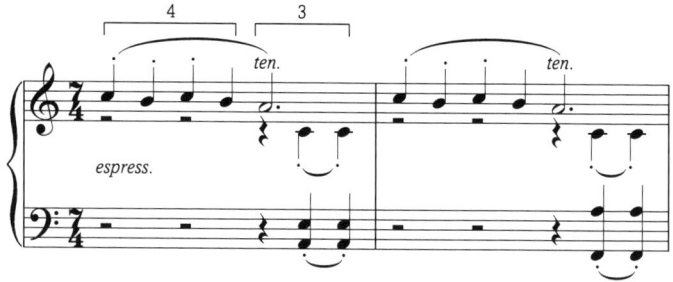

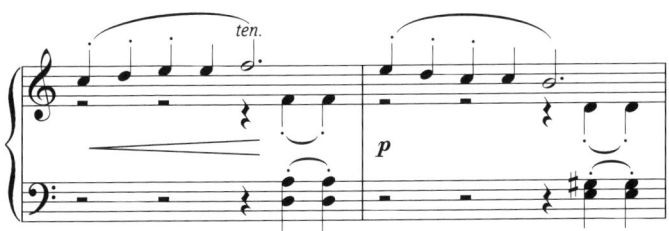

*Auszug aus ‚Air à 7 temps' aus Deuxième recueil op. 32 Nr. 8 (1849) von Ch. V. Alkan*

Im dritten Satz von Charles Ives' *Concord Sonata* (1912) ‚The Alcotts' gibt es einen Takt mit der Taktbezeichnung $\frac{4½}{4}$ – Viereinhalb-Vierteltakt.

In Béla Bartóks von der Volksmusik inspirierten *Sechs Tänzen in bulgarischen Rhythmen* (1926–1939) kommen asymmetrische Tanzrhythmen vor. Die Taktbezeichnungen sind als Summe kleinerer Unterteilungen notiert, z.B. in Nr. 1: $\frac{4+3+3}{8}$.

## Gruppierung von Noten und Pausen

Noten und Pausen werden zu Gruppen zusammengefasst, damit die Zählzeiten besser zu erkennen und einfacher zu lesen sind. Zum Beispiel:

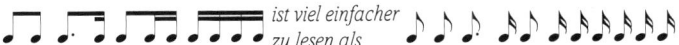

Für das Zusammenfassen von Noten und Pausen gibt es bestimmte Konventionen, die zu beachten sind.

## Gruppieren von Noten bei einfachen Taktarten

### Balken
Bei $\frac{2}{4}$, $\frac{3}{4}$ und $\frac{4}{4}$ werden alle Noten, die zur gleichen Viertel gehören, mit einem Balken verbunden, damit sie mit dem Auge leichter zu erfassen sind.

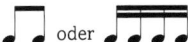

Für einen aus Zweiunddreißigsteln bestehenden Viertelschlag gibt es zwei Darstellungsmöglichkeiten:

Gemeinsam gebalkte Noten müssen nicht immer die gleiche Dauer haben:

Ein Balken sollte normalerweise nicht über die Dauer einer Zählzeit hinausgehen, da es sonst unübersichtlich wird:

Beim $\frac{2}{4}$- oder $\frac{3}{4}$-Takt ist es allerdings auch möglich, ganze Takte zusammen zu balken:

Im $\frac{3}{8}$-Takt können auch Zweiunddreißigstel durchgehend gebalkt werden:

Im $\frac{4}{4}$-Takt sollten die Achtel in zwei Gruppen zu je vier gebalkt werden. Wären sie zusammen gebalkt, wäre der musikalische Verlauf schwer zu lesen:

Das gleiche gilt für einen $\frac{4}{4}$-Takt mit unterschiedlichen Notenwerten: Balken sollten nie über die Taktmitte hinausgehen, damit die beiden Takthälften stets gut zu erkennen sind:

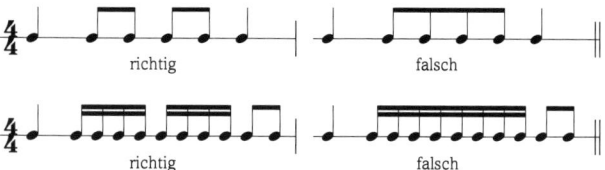

> Beim Gruppieren von Noten im $\frac{4}{4}$-Takt kann es hilfreich sein, sich in der Taktmitte eine unsichtbare Linie vorzustellen.

## Haltebögen

Bei einfachen Taktarten sollten Haltebögen möglichst vermieden werden:

## Beispiele aus der Musikliteratur

Die folgenden Notenbeispiele zeigen einige Möglichkeiten, wie Noten innerhalb einfacher Taktarten gruppiert werden können.

*Auszug aus der Klaviersonate a-Moll, K149 (ca. 1752) von D. Scarlatti*

*Auszug aus dem Menuett der Französischen Suite Nr. III in h-Moll (1722) von J. S. Bach*

*Auszug aus dem Allegro der Suite Nr. 3 in d-Moll (1733) von G. F. Händel*

*Auszug aus der Klaviersonate op. 53 ('Waldstein') (1804) von L. van Beethoven*

# Gruppieren von Noten bei zusammengesetzten Taktarten

## Balken

Im $^6_8$-, $^9_8$- und $^{12}_8$-Takt sollten alle Töne mit einer Dauer unter einer punktierten Viertel zusammen gebalkt werden, damit die Zählzeiten auf den ersten Blick erkennbar sind. Alle Noten einer Zählzeit werden zusammen gebalkt:

*Auszug aus der Fuge von John Blow (1649–1708)*

Es folgen häufig verwendete Gruppierungen von Achteln, punktierten Achteln und Sechzehnteln in ternären Takten. Alle Noten innerhalb einer punktierten Viertel sind jeweils zusammengefasst:

Achtel und kürzere Notenwerte werden so zusammengefasst, dass die Gliederung in punktierte Viertel klar ersichtlich ist:

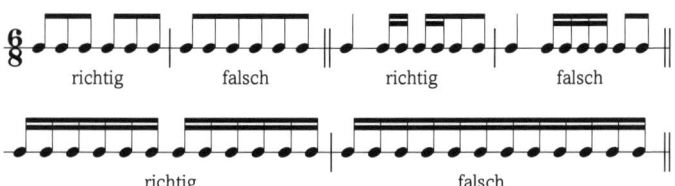

## Haltebögen

Bei zusammengesetzten Taktarten sind Haltebögen oft notwendig, um die Dauer eines Tones rhythmisch korrekt darzustellen. Die folgende Passage wäre ohne Haltebögen nicht darstellbar:

Haltebögen bei zusammengesetzten Takten werden außerdem dazu verwendet, die Zählzeiten hervorzuheben:

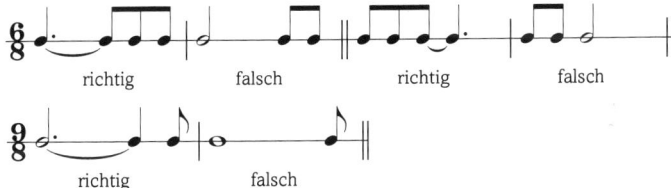

Noten über einen ganzen Takt werden im 6/8, 9/8 und 12/8 wie folgt notiert:

Zur Notation einer Ganztaktnote im 9/8-Takt ist ein Haltebogen erforderlich.

> Komponisten halten sich nicht immer an diese Regeln, man kann daher beim Musizieren durchaus auf unkonventionelle Gruppierungen stoßen.

## Zusammenfassen von Pausen bei einfachen Taktarten

Generell sollte auf jeden Schlag eine eigene Pause notiert werden – Pausen, die länger als ein Schlag sind, sollten vermieden werden. Daraus folgt:

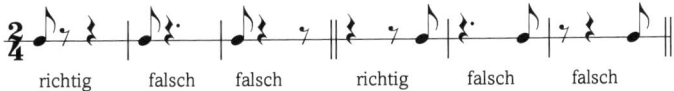

Zu Beginn oder am Ende eines 4/4-Takts kann eine Halbtaktpause jedoch als halbe Pause notiert werden:

## Zusammenfassen von Pausen bei zusammengesetzten Taktarten

Bei ternären Takten kann eine Pause die ersten beiden Drittel eines Taktes zusammen fassen, jedoch nicht das zweite und dritte:

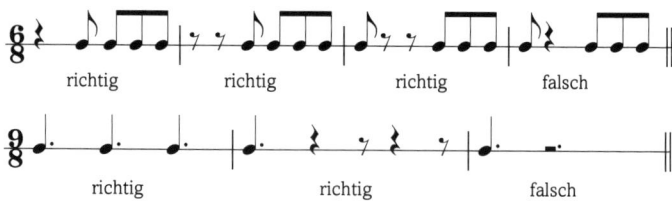

Beim $^6_8$-, $^9_8$- und $^{12}_8$-Takt können Pausen im Wert einer punktierten Viertel als 𝄼· oder als 𝄼 𝄾 dargestellt werden, wobei ersteres als deutlicher wahrgenommen wird. Pausen, die länger als ein Schlag sind, sollten vermieden werden:

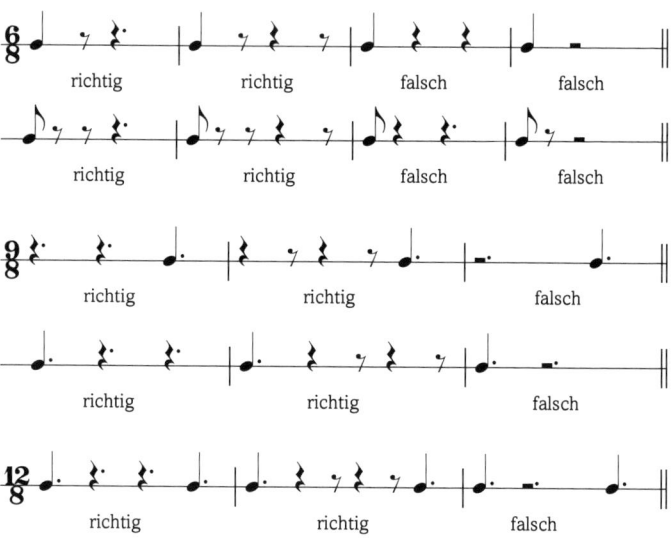

Eine Halbtaktpause zu Beginn oder am Ende eines $^{12}_8$-Taktes kann als punktierte halbe Pause notiert werden:

## Ganztaktpause

Eine Ganztaktpause wird, unabhängig von der Taktart, stets als ganze Pause notiert:

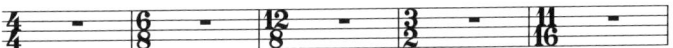

# Abweichende Unterteilungen des Grundpulses

Manchmal finden sich innerhalb eines gleichmäßigen Grundpulses auch andere Teilungen. Häufig vorkommende Unterteilungen sind **Duolen**, **Triolen**, **Quintolen** und **Sextolen**.

## Triolen und Duolen

Bei einfachen Taktarten sind die Zählzeiten entweder durch zwei teilbar (binär) oder durch drei (ternär). Manchmal möchten Komponisten jedoch innerhalb einer binären Taktart eine Dreiteilung vornehmen, d.h. die Dauer von zwei regulären Noten wird gleichmäßig auf drei Noten verteilt. Diese Unterteilung nennt man **Triole**. Eine Triole wird durch die Ziffer **3** über oder unter der entsprechenden Notengruppe angezeigt. Als Triolen werden Achtel und Sechzehntel mit Balken, Viertel und Halbe mit einer eckigen Klammer ⌐¬ oder auch mit einem Bogen ⌒ über oder unter den Noten zusammengefasst.

*Auszug aus dem Impromptu Nr. 2 in Es-Dur, D899 (1829) von F. Schubert*

Triolen müssen nicht immer in gleichen Notenwerten notiert sein. In Takt 3 des folgenden Beispiels sind sie in Viertel und Achtel gegliedert:

*Auszug aus* The Liberty Bell *(1893) von J. Ph. Sousa*

Manchmal möchten Komponisten bei ternären Taktarten eine Zweiteilung vornehmen, d.h. die Dauer von drei regulären Noten wird gleichmäßig auf zwei Noten verteilt. Diese Unterteilung nennt man **Duole**. Eine Duole wird durch die Ziffer **2** über oder unter der entsprechenden Notengruppe angezeigt. Als Duolen werden Achtel und Sechzehntel mit Balken, Viertel und Halbe mit einer eckigen Klammer ⌐¬ oder auch mit einem Bogen ⌢ über oder unter den Noten zusammengefasst.

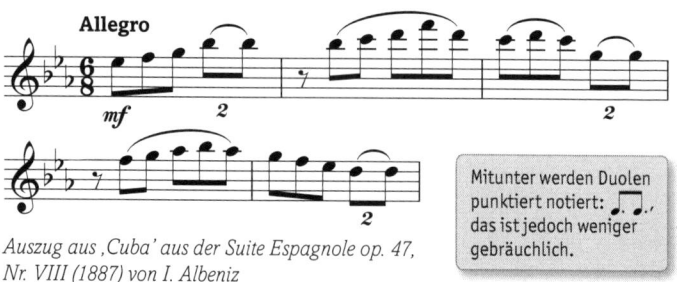

Auszug aus ‚Cuba' aus der Suite Espagnole op. 47,
Nr. VIII (1887) von I. Albeniz

> Mitunter werden Duolen punktiert notiert: ♩. ♩., das ist jedoch weniger gebräuchlich.

### Weitere abweichende Unterteilungen

Weitere häufig verwendete Teilungen sind **Quintolen** (5), **Sextolen** (6) und **Septolen** (7). Hier wird über die Dauer einer Zählzeit – Achtel, Viertel oder Halbe – jeweils die entsprechende Anzahl an Noten gespielt.

Auszug aus dem ‚Allegro appassionato' aus der Klarinettensonate op. 120,
Nr. 1 (1894) von J. Brahms

In diesem Beispiel sind Quintolen, Sextolen und Septolen als Sechzehntel notiert, da sie zusammen den Wert einer Viertel (also vier Sechzehnteln) haben.

Man spricht von einer **Quartole**, wenn in einem zusammengesetzten Takt vier Noten pro Schlag anstatt drei gespielt werden. Sie wird durch die Ziffer **4** über oder unter der entsprechenden Notengruppe angezeigt:

> ### Richtlinien für abweichende Unterteilungen
>
> Bei abweichenden Teilungen ist das Verhältnis der Notenwerte und Dauern genau festgelegt:
>
> - Die Dauer der **Triolen**gruppe entspricht **zwei** einzelnen Noten desselben Werts – 3:2.
> - Die Dauern der Notengruppen **Quintole**, **Sextole** und **Septole** entsprechen jeweils **vier** einzelnen Noten desselben Werts – 5:4, 6:4, 7:4.
> - Die Dauern der Notengruppen aus **9**, **10**, **11**, **13** und **15** Noten entsprechen jeweils **acht** Noten desselben Werts – 9:8, 10:8, etc.

## Synkopen

Als Synkope wird die Akzentuierung einer eigentlich unbetonten Zählzeit bezeichnet. Sie kommt auf unterschiedliche Weise zustande:

- **Wenn die Betonung auf einer schwachen Zählzeit oder zwischen den Schlägen liegt.** Im folgenden Beispiel setzt Dvořák in den Takten 1 und 5 den Schwerpunkt zwischen den ersten und zweiten Schlag.

*Auszug aus den* Slawischen Tänzen *op. 72, Nr. 1 (1886) von A. Dvořák*

- **Wenn ein Ton, der auf einer unbetonten Zählzeit beginnt, über einen betonten Schlag hinweg ausgehalten wird.** Bei Scott Joplin wird der letzte Ton von Takt 1 auf der schwachen Zählzeit bis zur ersten (starken) Zählzeit des zweiten Takts ausgehalten:

*Auszug aus* The Entertainer *(1902) von Scott Joplin*

- **Wenn auf eine eigentlich betonte Zählzeit eine Pause fällt.** Mozart eröffnet das Finale der ‚Prager Sinfonie' mit einer Pause und bewirkt damit eine wahrgenommene Verschiebung der folgenden Zählzeiten.

*Auszug aus der Sinfonie Nr. 38 („Prager', III ) (1787) von W. A. Mozart*

### Hemiolen

Eine Hemiole ist eine kurze metrisch-rhythmische Verschiebung in einem Dreiertakt, bei der zwei Takte zu einem großen (doppelten) Dreiertakt zusammengefasst werden. Diese Form der Akzentverschiebung wurde schon früh als Stilmittel eingesetzt. Die Hemiole wird nicht durch eine Veränderung der Taktart angezeigt, sondern muss aus dem Kontext erschlossen werden. Die Betonungen der Takte verändern sich in folgender Weise:

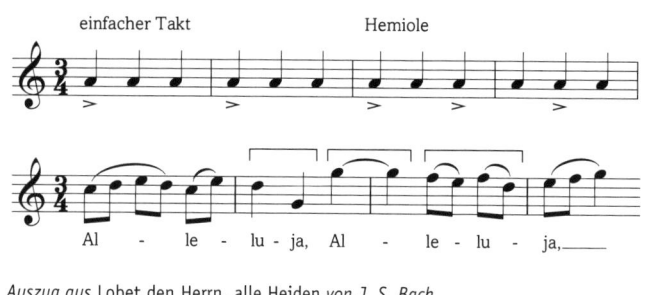

*Auszug aus* Lobet den Herrn, alle Heiden *von J. S. Bach*

# Tonhöhen

„Wodurch wird eine Melodie melodisch? Wir haben den Rhythmus, aber wir brauchen noch weitere Zutaten. Die Antwort lautet natürlich: Tonhöhe. Wir verwenden den Begriff ‚Tonhöhe', um hohe und tiefe Klänge zu unterscheiden, und erst durch sie wird Rhythmus zur Melodie. Tonhöhe beschreibt auch den Abstand zwischen den Noten, von deren Kombination es abhängt, ob eine Melodie gut klingt. Aber was macht eigentlich eine ‚gut klingende' Melodie aus? Eine interessante Frage, die Stoff zum Nachdenken gibt ..."

*Paul Harris*

# Das System

In der Musik wird der Begriff **Tonhöhe** verwendet, um zu beschreiben, wie hoch oder tief ein Klang ist. Jeder Tonhöhe wird eine bestimmte Note zugeordnet, die durch musikalische Notation dargestellt werden kann. Klänge unterschiedlicher Tonhöhen werden als **Noten** in einem **System** dargestellt. Das Fünf-Linien-System besteht aus fünf parallelen Linien mit vier Zwischenräumen.

### Das Fünf-Linien-System

*Höhere Tonhöhe*
↕
*Tiefere Tonhöhe*

Die Noten werden auf den Linien oder in den Zwischenräumen platziert: Je weiter oben, desto höher die Tonhöhe; je weiter unten, desto tiefer die Tonhöhe.

## Notennamen

Die Notennamen folgen – in aufsteigender Reihenfolge – den ersten sieben Buchstaben des Alphabets. Einzige Ausnahme bildet im deutschen Sprachraum das *b*, welches nicht als Notenname für den Stammton verwendet wird. Stattdessen wird er *h* genannt.

*Tiefere Lage*                                                 *Höhere Lage*

Die Buchstaben c bis h bilden die sogenannte **Stammtonreihe**, die sich im Abstand einer Oktave von der tiefsten bis zur höchste Lage wiederholt. Die verschiedenen **Oktavlagen** werden durch Groß- und Kleinschreibung bzw. durch Ziffern oder Apostrophe ($c^1$ bzw. $c'$) gekennzeichnet.

## Violinschlüssel

**Schlüssel** werden an den Anfang jedes Systems gesetzt, um zu zeigen, welche Tonhöhen (oder Noten) das System enthält. Wird der Violinschlüssel (𝄞) verwendet, lauten die Notennamen wie folgt:

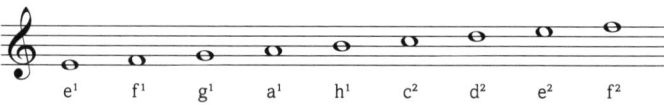

$e^1$     $f^1$     $g^1$     $a^1$     $h^1$     $c^2$     $d^2$     $e^2$     $f^2$

> Der Violinschlüssel wird auch G-Schlüssel genannt, da er die Position des Tons
> $g$ umschließt.

Wird der Violinschlüssel verwendet,
- heißen die Noten auf den Linien: $e^1$ $g^1$ $h^1$ $d^2$ $f^2$
- heißen die Noten in den Zwischenräumen: $f^1$ $a^1$ $c^2$ $e^2$

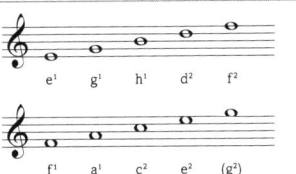

## Bassschlüssel

Für tiefere Töne wird ein anderer Schlüssel verwendet: 𝄢. Man nennt ihn Bassschlüssel. Bei Verwendung des Bassschlüssels lauten die Notennamen wie folgt:

> Der Bassschlüssel wird auch F-Schlüssel genannt, da der Doppelpunkt die Position des Tons $f$ umschließt.

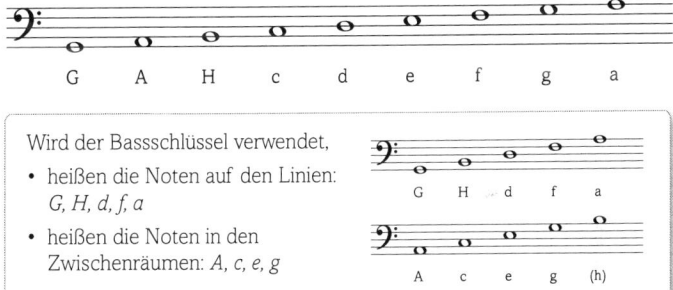

Wird der Bassschlüssel verwendet,
- heißen die Noten auf den Linien: $G, H, d, f, a$
- heißen die Noten in den Zwischenräumen: $A, c, e, g$

## Das Schlüssel-c

Genau in der Mitte zwischen dem Tonraum des Bassschlüssels und Violinschlüssels liegt die Note $c^1$. Auf dem Klavier liegt das $c^1$ ebenfalls in der Mitte, dort, wo sich auch der Schlüssel des Klavierdeckels befindet. Daher nennt man das $c^1$ auch Schlüssel-c.

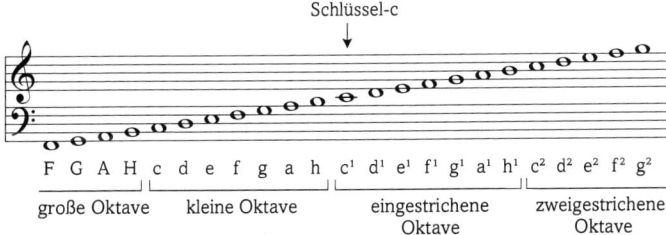

## Hilfslinien

Hilfslinien sind kurze Linien über oder unter dem System; sie werden benötigt, wenn Töne so hoch oder tief sind, dass sie über das 5-Linien-System hinausgehen. Das $c^1$ wird sowohl im Violin- als auch Bassschlüssel auf einer Hilfslinie notiert.

*Noten mit Hilfslinien im Violin- und Bassschlüssel*

## Notenhälse

Noten bestehen in der Regel aus einem **Notenkopf** und einem **Notenhals**; Die Ausrichtung des Halses hängt von der Position des Notenkopfes im System ab. Steht eine Note:

- oberhalb der mittleren Linie, befindet sich der Hals an der linken Seite des Notenkopfs und weist nach unten.
- unterhalb der mittleren Linie, befindet sich der Hals an der rechten Seite des Notenkopfs und weist nach oben.
- auf der mittleren Linie, zeigt der Hals in der Regel nach unten, kann aber in bestimmten Situationen (vor allem bei Notengruppen) auch nach oben weisen.

## Alt- und Tenorschlüssel

Die gängigsten Schlüssel sind Violin- (G-) und Bass- (F-)-Schlüssel. Weitere gebräuchliche Schlüssel sind der **Altschlüssel** (𝄡) und der **Tenorschlüssel** (𝄡). Für beide wird der C-Schlüssel verwendet. Auf der Linie, die er umschließt, liegt das $c^1$.

*c¹ im Altschlüssel notiert*

> Der Altschlüssel wird bei der Viola (auch Bratsche genannt) verwendet.

*c¹ im Tenorschlüssel notiert*

> Der Tenorschlüssel wird bei Celli, Kontrabässen, Fagotten und Tenorposaunen verwendet, wenn sie im oberen Register spielen, ansonsten wird der Bassschlüssel verwendet.

Zum Vergleich eine Melodie in der jeweils gleichen Tonlage, in vier unterschiedlichen Schlüsseln notiert:

*Auszug aus der* Ode an die Freude *(9. Sinfonie) von L. van Beethoven*

## Vorzeichen: Bes, Kreuze und Auflösungszeichen

Alle Stammtöne können erhöht oder erniedrigt werden, indem man der Note ein **Vorzeichen** voranstellt.

Ein **Kreuz** (♯) vor der Note erhöht sie um einen Halbton. An den Notennamen wird die Silbe *-is* angehängt (vgl. Seite 36).

Ein **Be** (♭) vor der Note erniedrigt sie um einen Halbton. An den Notennamen wird die Silbe *-es* angehängt. Einzige Ausnahme bildet *h* – es wird zu *b*.

Ein **Auflösungszeichen** (♮) hebt die zuvor gesetzten Vorzeichen auf und setzt die Note auf die Stammtonhöhe zurück.

*dis (erhöht)*     *des (erniedrigt)*     *d (aufgelöst)*

Wenn Töne, die gleich klingen, aber unterschiedlich notiert oder benannt werden, nennt man dies eine **enharmonische Verwechslung**. Zum Beispiel sind cis (♯c) und des (♭d) enharmonisch verwechselbar (vgl. die Abb. der Tastatur auf S. 36).

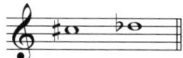

> ### Theorie in der Praxis: Die Verwendung von Vorzeichen
>
> Folgende Richtlinien sind beim Lesen oder Schreiben von Musik zu beachten:
>
> - Vorzeichen werden immer vor die Note gesetzt, auch wenn sie im Notennamen erst nach der Note stehen (z.B. *cis*).
> - Vorzeichen gelten immer für die Länge eines Taktes, es sei denn sie werden vorher aufgelöst oder verändert.
> - Vorzeichen *gelten nicht* für den gleichen Ton in einer anderen Oktave oder Stimme.
> - Vorzeichen gelten bei übergebundenen Noten bis zu deren Ende, auch wenn sie über einen Taktstrich hinweg reichen.
>
>
>
> - Um eine Note zu ihrer ursprünglichen Tonhöhe zurückzuführen, bedarf es eines entsprechenden Vorzeichens (Auflösungszeichen, Be oder Kreuz).
> - Doppelkreuze und Doppel-Bes werden auf die gleiche Weise zurückgeführt; hier genügt ein Auflösungszeichen.

## Doppelkreuze und Doppel-Bes

Manchmal muss eine bereits erhöhte Note nochmals erhöht bzw. eine bereits erniedrigte Note nochmals erniedrigt werden.

- Ein **Doppelkreuz** (𝄪) vor einer Note erhöht ihre Tonhöhe um zwei Halbtonschritte.

   *gisis* ist eine enharmonische Verwechslung von *a*.

- Ein **Doppel-Be** (♭♭) vor einer Note vermindert ihre Tonhöhe um zwei Halbtonschritte.

   *asas* ist eine enharmonische Verwechslung von *g*.

> Ein Doppelkreuz wird z.B. in der gis-Moll-Tonleiter benötigt, um die bereits mit einem Kreuz versehene siebte Stufe (*fis*) um einen weiteren Halbton zum *fisis* zu erhöhen.

## Intervalle

Mit **Intervall** wird der Abstand zwischen zwei Tönen bezeichnet. Wenn zwei Töne gleichzeitig erklingen, bilden sie ein **harmonisches Intervall**; erklingen sie nacheinander, spricht man von einem **melodischen Intervall**.

harmonisches Intervall   melodisches Intervall

Intervalle werden nach der Summe aller beteiligten Töne benannt, vom tiefsten Ton an aufwärts gezählt. Daraus ergibt sich:

- Der Abstand von *c* bis *d* ist eine **Sekunde** (2).
- Der Abstand von *c* bis *e* (*c-d-e*) ist eine **Terz** (3).

> Beide Noten des Intervalls werden mitgezählt.

## Intervalle innerhalb der Dur-Tonleiter

Allen Dur-Tonleitern (vgl. Seite 36) liegt dasselbe Intervallmuster zugrunde. Zwischen dem Grundton und den anderen Stufen der Tonleiter können zwei Arten von harmonischen Intervallen entstehen:

**Große Intervalle: Sekunde (2) (= Ganzton), Terz (3), Sexte (6) und Septime (7)**

**Reine Intervalle: Prim (1), Quarte (4), Quinte (5), Oktave (8)**
*Reine Intervalle haben einen ganz charakteristischen ‚reinen' Klang*

> So etwas wie eine große Quarte oder kleine Quinte gibt es nicht.

Es folgen die Namen aller vom Grundton aus gebildeten Intervalle der C-Dur-Tonleiter mit allen diatonischen (= tonleitereigenen) Tonstufen.

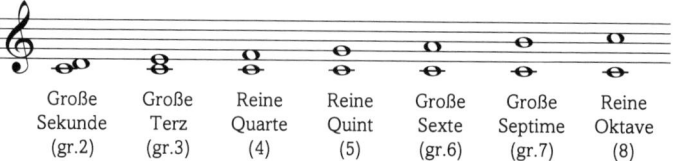

| Große Sekunde (gr.2) | Große Terz (gr.3) | Reine Quarte (4) | Reine Quint (5) | Große Sexte (gr.6) | Große Septime (gr.7) | Reine Oktave (8) |

## Andere Intervalle

Wenn eine der beiden zum Intervall gehörenden Noten erhöht oder erniedrigt wird, entsteht ein anderes Intervall.

### Kleine Intervalle

Aus großen Intervallen werden **kleine Intervalle**, wenn ihr Tonabstand um einen Halbton verkleinert wird:

| Kleine Sekunde (kl.2) | Kleine Sekunde (kl.2) | Kleine Terz (kl.3) | Kleine Terz (kl.3) | Kleine Sexte (kl.6) | Kleine Sexte (kl.6) | Kleine Septime (kl.7) | Kleine Septime (kl.7) |

> Eine kleine Sekunde entspricht einem Halbtonschritt (vgl. S. 36).

## Verminderte Intervalle

Aus reinen Intervallen werden **verminderte Intervalle**, wenn ihr Tonabstand um einen Halbton vermindert wird:

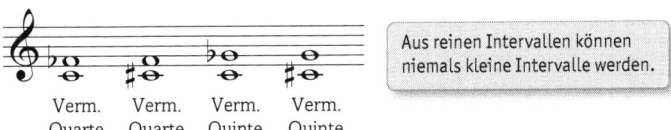

| Verm. Quarte | Verm. Quarte | Verm. Quinte | Verm. Quinte |

> Aus reinen Intervallen können niemals kleine Intervalle werden.

Kleine Terzen und Septimen können durch Erniedrigung um einen Halbton ebenfalls zu **verminderten Intervallen** werden:

Verm. Terz (v3) · Verm. Terz (v3) · Verm. Terz (v3) · Verm. Sept (v7) · Verm. Sept (v7) · Verm. Sept (v7)

## Übermäßige Intervalle

Große Sekunden und Sexten und alle reinen Intervalle werden zu **übermäßigen Intervallen**, wenn sie um einen Halbton erhöht werden:

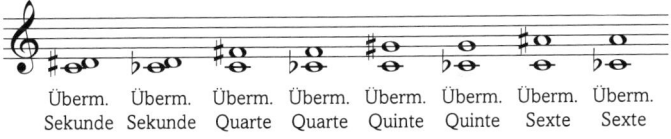

Überm. Sekunde · Überm. Sekunde · Überm. Quarte · Überm. Quarte · Überm. Quinte · Überm. Quinte · Überm. Sexte · Überm. Sexte

## Der Tritonus

Die übermäßige Quarte oder verminderte Quinte besteht aus drei Ganztonschritten (*c* zu *d*, *d* zu *e*, *e* zu *fis/ges*), daher wird das Intervall **Tritonus** genannt:

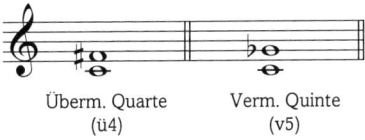

Überm. Quarte (ü4) · Verm. Quinte (v5)

> Der Tritonus wurde wegen seines dissonanten, instabilen Klangs manchmal auch *diabolus in musica* oder ‚Teufelsintervall' genannt.

## Theorie in der Praxis: Intervalle benennen und aufschreiben

Die Intervalle zwischen dem Grundton einer Dur-Tonleiter und den jeweils anderen Tonstufen dienen als nützliche Ausgangsbasis, von der die anderen Intervalle abgeleitet werden können.

| Große | Große | Reine | Reine | Große | Große | Reine |
| Sekunde | Terz | Quarte | Quinte | Sexte | Septime | Oktave |

Das Intervall wird immer von der unteren Note aus bestimmt. Am besten stellt man sich dabei den unteren Ton als Grundton vor.

### *Beispiel 1: von g zu d*

Zur Benennung des Intervalls stelle man sich *g* als Grundton einer G-Dur-Tonleiter vor. Der Ton *d* ist die fünfte Stufe, somit handelt es sich um eine **reine Quinte**.

### *Beispiel 2: von d zu c*

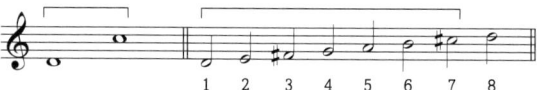

Zur Benennung des Intervalls stelle man sich *d* als Grundton einer D-Dur-Tonleiter vor. Die siebte Stufe (große Septime) dieser Tonleiter wäre *cis*. Das *c* liegt einen Halbton tiefer als *cis*, also handelt es sich hier um eine **kleine Septime**.

### *Beispiel 3: von cis zu e*

Zur Benennung dieses Intervalls stelle man sich, wenn man die Cis-Dur-Tonleiter nicht kennt, einfach eine C-Dur-Tonleiter vor. *e* ist die dritte Stufe dieser Tonleiter (große Terz von *c* bis *e*). *cis* liegt einen Halbton höher als *c*, also handelt es sich bei dem Intervall um eine **kleine Terz**.

# Intervall-Tabelle

## Zusammengesetzte Intervalle

Alle bisher besprochenen Intervalle bis zu einem Abstand einer Oktave werden **einfache Intervalle** genannt. Intervalle, die über den Umfang einer Oktave hinausgehen, nennt man **zusammengesetzte Intervalle**.

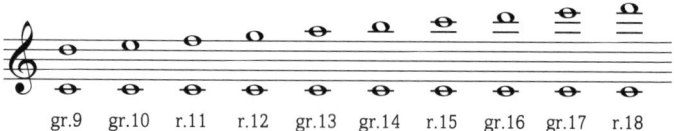

*Zusammengesetzte Intervalle*

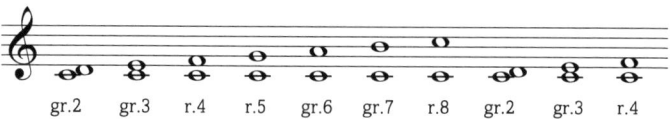

*Die entsprechenden einfachen Intervallen*

Zusammengesetzte Intervalle haben die gleichen Eigenschaften wie die entsprechenden einfachen Intervalle. So ist beispielsweise eine None von *c* zu *d* eine große None (entsprechend der großen Sekunde *c-d*), eine Undezime von *c* zu *f* eine reine Undezime.

### Zusammengesetzte Intervalle benennen

Es gibt zwei Möglichkeiten, zusammengesetzte Intervalle zu zählen:

1. Indem man, wie im ersten Beispiel oben, von der Oktave aus weiterzählt: große None, große Dezime, reine Undezime etc.

2. Indem man die Oktave, wie im zweiten Beispiel oben, abzieht: zusammengesetzte große Sekunde (Oktave + gr. Sekunde), zusammengesetzte große Terz (Oktave + gr. Terz) etc.

> Den Abstand eines zusammengesetzten Intervalls kann man errechnen, indem man von der größeren Zahl 7 abzieht. Eine reine Duodezime (r.12) ist beispielsweise eine zusammengesetzte reine Quinte (12−7=5).

## Enharmonische Intervalle

Einige Töne klingen gleich, werden aber unterschiedlich notiert. Man spricht von **enharmonischer Verwechslung**. Das betrifft auch die Intervalle. Z.B. sind eine übermäßige Quarte und eine verminderte Quinte enharmonisch verwechselt, da *fis* und *ges* gleich klingen.

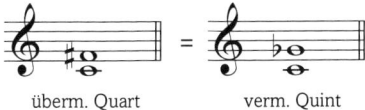

überm. Quart        verm. Quint

## Konsonante und dissonante Intervalle

Man unterscheidet bei harmonischen Intervallen zwischen **konsonant** und **dissonant**.

**Dissonante Intervalle** werden als instabil empfunden, weil das Schwingungsverhältnis zwischen den Tönen kompliziert ist und die Töne nicht gut miteinander verschmelzen. Das Ohr möchte den Klang unweigerlich nach oben oder unten in eine Konsonanz führen. Eine große Septime z.B. klingt, als müsse sich der obere Ton nach oben zur Oktave auflösen, bei einer kleinen Septime nach unten zur Sexte.

große Septime    kleine Septime

Große und kleine Sekunden, reine Quarten, große und kleine Septimen und alle übermäßigen und verminderten Intervalle sind **dissonant**.

**Konsonante Intervalle** werden als stabil wahrgenommen, weil ihr Schwingungsverhältnis einfach ist und die Töne gut miteinander verschmelzen, so dass keine Notwendigkeit besteht, die Klänge in ein anderes Intervall aufzulösen.

Große und kleine Terzen und Sexten, reine Quinten und Oktaven sind **konsonant**. Zwei Stimmen, die sich in ihrer Tonhöhe exakt entsprechen, nennt man **unisono**.

## 32 Tonhöhen

*Merk-Beispiele für die Intervalle anhand bekannter Melodien*

| Intervall | aufsteigend/ absteigend | Melodie |
|---|---|---|
| Kleine Sekunde | aufsteigend | *Ode an die Freude* (Beethoven, 9. Sinfonie) |
| Kleine Sekunde | absteigend | *Für Elise* (Beethoven) |
| Große Sekunde | aufsteigend | *Alle meine Entchen* (Volkslied) |
| Große Sekunde | absteigend | *Yesterday* (Beatles) |
| Kleine Terz | aufsteigend | *Greensleeves* (Trad.) |
| Kleine Terz | absteigend | *Kuckuck* (Volkslied) |
| Große Terz | aufsteigend | *Morning has broken* (Trad.) |
| Große Terz | absteigend | *Summertime* (Gershwin) |
| Reine Quarte | aufsteigend | *Amazing Grace* (Trad.) |
| Reine Quarte | absteigend | *Freut euch ihr Christen* / *Adeste fideles* (Weihnachtslied) |
| Tritonus | aufsteigend | *The Simpsons* Thema (Elfman) |
| | | *Maria* aus *West Side Story* (Bernstein) |
| Tritonus | absteigend | *Close every door to me* aus *Joseph* (Webber) |

*(Fortsetzung)*

| Intervall | aufsteigend/ absteigend | Melodie |
|---|---|---|
| Reine Quinte | aufsteigend | *Also sprach Zarathustra* (Strauss) |
| Reine Quinte | absteigend | *What shall we do with the drunken sailor?* (Trad.) |
| Kleine Sexte | aufsteigend | *Conquest of Paradise* (Vangelis) |
| Kleine Sexte | absteigend | *Love Story* (Schicksalsmelodie, Lai) |
| Große Sexte | aufsteigend | *My Bonnie is over the ocean* (Trad.) |
| Große Sexte | absteigend | *Nobody knows the trouble I've seen* (Spiritual) |
| Kleine Septime | aufsteigend | *Somewhere* aus *West Side Story* (Bernstein) |
| | | Refrain *Sing, sing* aus *Flogen einst fünf wilde Schwäne* (Volkslied) |
| Kleine Septime | absteigend | *Ein Amerikaner in Paris* (Gershwin) |
| Große Septime | aufsteigend | *Somewhere over the rainbow* (Arlen): 1. und 3. Ton |
| Große Septime | absteigend | *I love you* (Porter): 2. und 3. Ton |
| Oktave | aufsteigend | *Somewhere over the rainbow* (Arlen) |
| Oktave | absteigend | *There's no business like show business* (Berlin): 2. und 3. Ton |

## Theorie in der Praxis: Intervalle hörend erkennen

### Harmonische Intervalle

Um zu lernen, Intervalle beim Hören zu erkennen, sollte man versuchen,
- beide Töne einzeln und isoliert zu hören,
- beim Hören auf Konsonanzen und Dissonanzen zu achten.

### Melodische Intervalle

Um melodische Intervalle zu erkennen, kann es hilfreich sein,
- eine Tonleiter, die mit dem unteren Ton beginnt, aufwärts zu singen, bis man den oberen Ton erreicht,
- sich an eine Erkennungsmelodie zu erinnern.

# Tonleitern

„Tonleitern und all ihre musikalischen Varianten (Arpeggien, gebrochene Akkorde etc.) sind Muster aufeinander folgender Tonhöhen, die man braucht, um Melodien zu formen (und ein Instrument zu erlernen). Nahezu jede Melodie, die seit dem 16. Jahrhundert entstanden ist, basiert auf einem Tonleitermotiv. Jede ist anders gestaltet und besitzt eine eigene Klangwelt: diese reicht von Dur- und Moll-Tonleitern der westlichen Musik über evokative pentatonische Tonleitern bis hin zu mehr esoterischen Achttonleitern. Egal, an welche bekannte Melodie man denkt, es lassen sich sicherlich Tonleitermotive finden. Wer alle Tonleitern beherrscht, besitzt die Eintrittskarte in eine vielfältige musikalische Welt."

*Paul Harris*

## Einführung in die Tonleitern

Bei einer **Tonleiter** (auch: Skala) handelt es sich um eine bestimmte Anordnung von Tonschritten, aufsteigend oder absteigend.

**Dur- und Moll-Tonleitern** werden **diatonische** Tonleitern genannt; ihnen liegt ein bestimmter Aufbau aus sieben Tönen innerhalb einer Oktave zugrunde (vgl. Seite 26). Dieser Aufbau wird durch die Anordnung von **Ganztönen** und **Halbtönen** innerhalb der Skala bestimmt (vgl. unten), die jeder Tonleiter ihren charakteristischen Klang verleiht.

### Die Stufen einer Tonleiter

| | | |
|---|---|---|
| I | **Tonika** | Grundton |
| II | **Subdominantparallele** | Ton über dem Grundton |
| III | **Dominantparallele** | mittlere Note zwischen Tonika und Dominante |
| IV | **Subdominante** | Ton unter der Dominante |
| V | **Dominante** | Zweitwichtigster Ton nach dem Grundton |
| VI | **Tonikaparallele** | Ton über der Dominante |
| VII | **Leitton** | Ton, der zum Grundton leitet |

## Ganztöne und Halbtöne

Ganztöne und Halbtöne sind Maßeinheiten, um den Tonabstand von einem Ton der Tonleiter zum nächsten zu beschreiben. Die kleinste Einheit ist der Halbtonschritt, es ist auch der Abstand zwischen allen aneinandergrenzenden Tasten des Klaviers, egal ob schwarz oder weiß. Ein Ganzton besteht aus zwei Halbtönen.

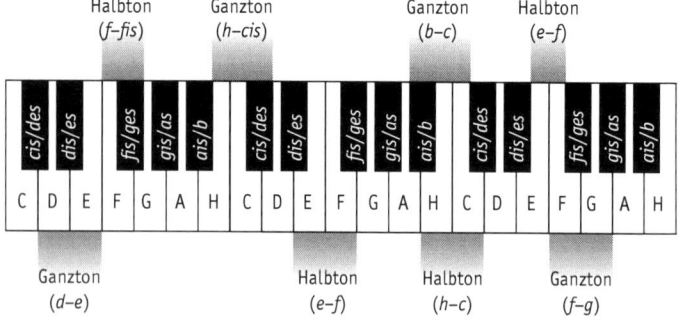

> In jeder Oktave kommt es zweimal vor, dass zwei weiße Tasten unmittelbar aufeinander folgen, sie also nur einen Halbton auseinander liegen: *h–c* und *e–f*.

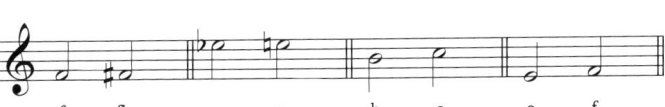

f   fis   es   e   h   c   e   f

*Beispiele für Halbtöne*

f   g   d   e   h   cis   b   c

*Beispiele für Ganztöne*

## Dur-Tonleitern

Allen Dur-Tonleitern liegt folgendes Muster zugrunde:

### Ganzton Ganzton Halbton Ganzton Ganzton Ganzton Halbton

Die Halbtonschritte befinden sich zwischen der dritten und vierten sowie der siebten und achten Stufe (Oktave).

Die **C-Dur-Tonleiter** liegt ausschließlich auf den weißen Klaviertasten:

> Die Dur-Tonleiter hat denselben Aufbau wie der ionische Modus (vgl. die Übersicht der Kirchentonarten auf S. 123)

Die Dur-Tonleiter kann auf jeder Tonhöhe wiedergegeben werden, also mit jedem beliebigen Ton beginnen.

Dies ist die **G-Dur-Tonleiter**:

Das *fis* ist nötig, um die Abfolge von Ganz- und Halbtönen aufrechtzuerhalten: Zwischen dem Leitton (*fis*) und dem Grundton (*g*) muss stets ein Halbton liegen.

So sieht die **F-Dur-Tonleiter** aus:

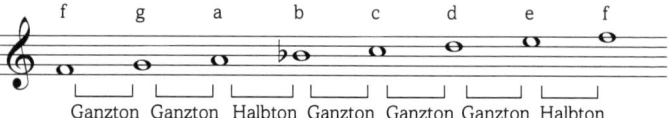

Hier ist das *b* nötig, um die Abfolge von Ganz- und Halbtönen aufrechtzuerhalten.

# Generalvorzeichen

Wenn ein Musikstück auf einer bestimmten Tonleiter basiert, sagt man, es steht in dieser **Tonart**. Die Tonart wird durch die Vorzeichen angezeigt. Angenommen, ein Stück ist in G-Dur notiert und bedient sich somit des Tonvorrats der G-Dur-Tonleiter, dann wird im Verlauf des Stücks meist *fis* statt *f* verwendet, sofern nicht anders angezeigt. Anstatt jedes Mal ein Kreuz zu setzen, wenn *fis* benötigt wird, ist es sinnvoller, ein **Generalvorzeichen** zu setzen, welches für das ganze Stück und für alle Oktavlagen gilt.

 *Generalvorzeichnung für G-Dur*

Generalvorzeichen befinden sich:
- zu Beginn eines jeden Systems
- immer nach dem Schlüssel
- immer vor der Taktangabe

> Bei Generalvorzeichen werden *niemals* Hilfslinien verwendet.

## Generalvorzeichen der Dur-Tonarten mit Kreuzen

Folgendes ist zu beachten:

- Kreuze treten immer in der gleichen Reihenfolge auf: fis, cis, gis, dis, ais, eis (immer eine Quinte *über* dem vorherigen Ton).
- Beim letzten Kreuz handelt es sich immer um den Leitton; z.B. ist das letzte Kreuz bei E-Dur ein *dis*.
- Jede weitere Tonart liegt immer eine Quinte *über* der vorherigen; z.B. hat A-Dur drei Kreuze, E-Dur (eine Quinte höher) hat vier Kreuze usw.

> Die Reihenfolge der Kreuz-Tonarten mit zunehmender Anzahl an Kreuzen kann man sich gut mit folgendem Satz merken: ***Geh du alter Esel Haie fischen.***

## Generalvorzeichen der Dur-Tonleitern mit Bes

C-Dur    F-Dur    B-Dur    Es-Dur    As-Dur    Des-Dur    Ges-Dur    Ces-Dur

Folgendes ist zu beachten:

- Bes treten immer in der gleichen Reihenfolge auf: b, es, as, des, ges, ces (immer eine Quinte *unter* dem vorherigen Ton).
- Beim vorletzten Be handelt es sich immer um den Grundton; z.B. steht das vorletzte Be bei As-Dur vor dem *a*.
- Jede weitere Tonart liegt immer eine Quinte *unter* der vorherigen; z.B. hat As-Dur vier Bes, und Es-Dur (eine Quinte tiefer) hat drei Bes.

> Die Reihenfolge der Be-Tonarten mit zunehmender Anzahl an Bes kann man sich gut mit folgendem Satz merken: ***Fr**ische **Br**ötchen **es**sen **As**se **des** **Ges**angs.*

### Dur-Tonleitern mit Kreuzen – ohne Generalvorzeichen notiert

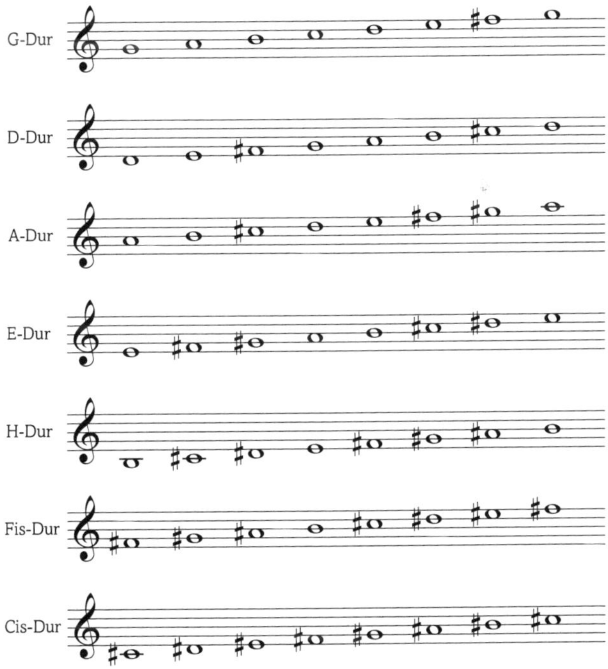

G-Dur

D-Dur

A-Dur

E-Dur

H-Dur

Fis-Dur

Cis-Dur

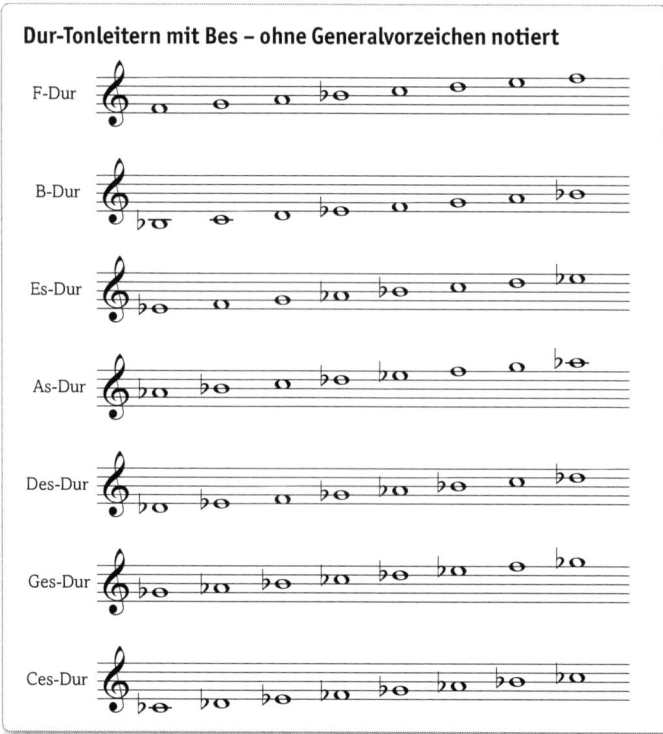

Cis-Dur ist enharmonisch verwechselbar mit Des-Dur (vgl S. 24). Da Des-Dur (fünf Bes) weniger Vorzeichen besitzt als Cis-Dur (sieben Kreuze), wird sie von Komponisten bevorzugt verwendet. Eine Ausnahme bildet jedoch z.B. *Undine*, der Eröffnungssatz von Ravels Klavierstück *Gaspard de la Nuit* (1908), das in Cis-Dur notiert ist.

## Moll-Tonleitern

Es gibt für jede Tonart drei Arten von Moll-Tonleitern:
- die **natürliche** (reine) Molltonleiter
- die **harmonische** Molltonleiter
- die **melodische** Molltonleiter

Jeder der drei Varianten liegt ein eigenes Muster der Intervallabfolge zugrunde, allen ist jedoch die kleine Terz zwischen dem Grundton und der dritten Stufe gemein. Diese kleine Terz verleiht den Moll-Tonarten ihren charakteristischen Klang.

### Die natürliche Molltonleiter

Allen natürlichen Moll-Tonleitern liegt folgendes Muster zugrunde, das sowohl für die aufsteigende als auch absteigende Tonleiter gleich bleibt:

**Ganzton Halbton Ganzton Ganzton Halbton Ganzton Ganzton**

Die Halbtonschritte befinden sich zwischen der zweiten und dritten sowie der fünften und sechsten Stufe der Tonleiter. Das ist dieselbe Abfolge von Ganz- und Halbtönen, die den weißen Tasten auf dem Klavier zwischen *a* und *a* entspricht.

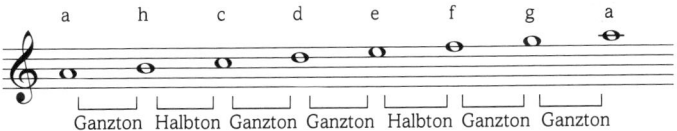

> Die natürliche Moll-Tonleiter wird häufig in der Pop- und Volksmusik sowie im Jazz verwendet. Sie hat denselben Aufbau wie die aeolische Kirchentonart (vgl. die Übersicht der Kirchentonarten auf S. 123).

Natürliche **c-Moll**-Tonleiter:

Vor *e*, *a* und *h* sind b-Vorzeichen nötig, um die Abfolge von Ganz- und Halbtonschritten aufrechtzuerhalten.

### Die harmonische Molltonleiter

Allen harmonischen Moll-Tonleitern liegt folgendes Muster zugrunde, das sowohl für die aufsteigende als auch absteigende Tonleiter gleich bleibt:

**Ganzton Halbton Ganzton Ganzton Halbton 3 Halbtöne Ganzton**

Die Halbtonschritte befinden sich zwischen der zweiten und dritten sowie der siebten und achten Stufe der Tonleiter. Zwischen der sechsten und siebten Stufe entsteht ein Abstand von drei Halbtönen (= übermäßige Sekunde).

Harmonische **a-Moll**-Tonleiter:

> Die harmonische Moll-Tonleiter wird so genannt, da ihre Töne die drei ‚Harmonien' (Hauptdreiklänge) I, IV, V ergeben (vgl. Seite 50).

## Die melodische Molltonleiter

Allen melodischen Moll-Tonleitern liegt folgendes Muster zugrunde. Im Gegensatz zur Dur-Tonleiter und zum natürlichen und harmonischen Moll unterscheidet sich die aufsteigende Tonleiter von der absteigenden.

*Aufsteigend:*
**Ganzton Halbton Ganzton Ganzton Ganzton Ganzton Halbton**

Die Halbtonschritte befinden sich zwischen der zweiten und dritten sowie siebten und achten Stufe der Tonleiter.

*Absteigend:*
**Ganzton Ganzton Halbton Ganzton Ganzton Halbton Ganzton**

Die Halbtonschritte befinden sich zwischen der zweiten und dritten sowie der fünften und der sechsten Stufe der Tonleiter.

Melodische **a-Moll**-Tonleiter (auf- und absteigend):

> Im melodischen Moll kommen keine übermäßigen Sekunden vor (3 Halbtöne) – die Melodieführung ist geschmeidiger.

## Parallele Dur- und Moll-Tonarten

Dur- und Moll-Tonarten mit denselben Vorzeichen nennt man **parallele Tonarten**:

- C-Dur ist die **parallele Dur-Tonart** zu a-Moll.
- a-Moll ist die **parallele Moll-Tonart** zu C-Dur.

Die Vorzeichen einer Moll-Tonart können ermittelt werden, indem man vom Grundton aus drei Halbtonschritte (eine **kleine Terz**) nach oben geht – dieser Ton ist der Grundton der parallelen Dur-Tonart:

- Die Vorzeichen von c-Moll entsprechen den Vorzeichen von Es-Dur.
- Die Vorzeichen von d-Moll entsprechen den Vorzeichen von F-Dur.

> Merke: Für die Angabe der Tonart werden bei Dur-Tonarten immer *Großbuchstaben* (G-Dur), bei Moll-Tonarten *Kleinbuchstaben* verwendet (a-Moll). Schreibungen wie A-Moll, g-Dur, aber auch a-moll, G-dur sind unüblich.

| Kreuztonarten | | | B-Tonarten | | |
|---|---|---|---|---|---|
| C-Dur | a-Moll | | C-Dur | a-Moll | |
| G-Dur | e-Moll | | F-Dur | d-Moll | |
| D-Dur | h-Moll | | B-Dur | g-Moll | |
| A-Dur | fis-Moll | | Es-Dur | c-Moll | |
| E-Dur | cis-Moll | | As-Dur | f-Moll | |
| H-Dur | gis-Moll | | Des-Dur | b-Moll | |
| Fis-Dur | dis-Moll | | Ges-Dur | es-Moll | |
| Cis-Dur | ais-Moll | | Ces-Dur | as-Moll | |

*Übersicht der Vorzeichen – Dur und Moll*

## Variant-Tonarten

Besitzen eine Dur- und eine Moll-Tonart denselben Grundton, spricht man von **Dur- bzw. Mollvariante**:
- C-Dur ist die **Durvariante** von c-Moll
- d-Moll ist die **Mollvariante** von D-Dur

## Der Quintenzirkel

Die Verwandtschaftsverhältnisse der Tonarten zueinander lassen sich am besten mit Hilfe des sogenannten Quintenzirkels veranschaulichen.

- Die **Hauptstufen** (**I**, **IV**, und **V** – vgl. Seite 50) jeder Tonart stehen in unmittelbarer Nachbarschaft zum Grundton (Tonika). Bei C-Dur sind dies: G (**V. Stufe, Dominante**) und F (**IV. Stufe, Subdominante**).
- Die engsten Verwandtschaftsverhältnisse bestehen zur **Dominante** (**V**), zur **Subdominante** (**IV**) und zur **parallelen Moll- bzw. Dur-Tonart**. Findet innerhalb eines Musikstücks ein Tonartwechsel (oder eine **Modulation**) statt, wird höchstwahrscheinlich eine dieser Tonarten erreicht.
- Die drei letzten Dur-Tonarten des Zirkels haben jeweils zwei Bezeichnungen (Kreuz- und B-Tonart): H/Ces, Cis/Des und Fis/Ges. Man spricht hier von **enharmonischer Verwechslung** (vgl. Seite 24). Dies gilt auch für die entsprechenden Moll-Tonarten.

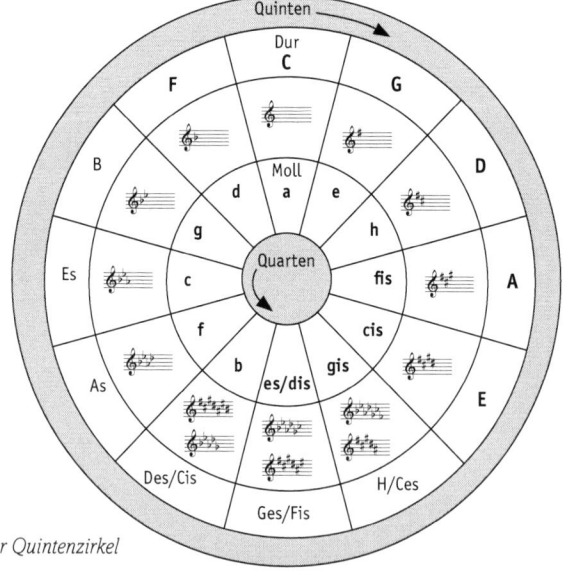

*Der Quintenzirkel*

**Theorie in der Praxis: Tonarten auch ohne Generalvorzeichen erkennen**

- Notiere die in der Melodie auftretenden Vorzeichen und bringe sie anschließend in die für Generalvorzeichen übliche Reihenfolge.
- Bestimme die Generalvorzeichnung.
- Ermittle anhand des Melodieverlaufs, ob es sich um Dur oder Moll handelt. Sollte es sich um Moll handeln, finden sich meist weitere Vorzeichen, die den Leitton erhöhen. Eine Melodie beginnt oder endet meist mit dem Grundton.

**Beispiel 1:**

Auszug aus Humperdincks *Wiegenlied „Abends will ich schlafen geh'n"*

- Es gibt zwei Vorzeichen – fis und cis.
- Zwei Kreuze sind die Generalvorzeichen von D-Dur und h-Moll.
- Es gibt keinen erhöhten Leitton (*ais*), folglich handelt es sich um D-Dur.

**Beispiel 2:**

Auszug aus dem *Preludio* der Violinsonate op. 2, Nr. 1 von A. Vivaldi

- Es gibt drei Vorzeichen – b, es und fis.
- Zwei Bes sind die Generalvorzeichen von B-Dur und g-Moll.
- Der Leitton ist erhöht (*fis*), folglich handelt es sich um g-Moll.

# Die chromatische Tonleiter

Die chromatische Tonleiter besteht aus allen zwölf Tönen einer Oktave und verwendet ausschließlich Halbtonschritte. Sie kann auf jedem Ton beginnen. Es gibt verschiedene Möglichkeiten, eine chromatische Skala zu notieren, folgendes sollte jedoch immer beachtet werden:

- Es werden maximal zwei Noten je Notenlinie bzw. Zwischenraum verwendet.
- Die Hauptstufen Subdominante (IV) und Dominante (V) sowie die erhöhte Subdominante (IV) sollten vorkommen.

Auf welche Art eine chromatische Tonleiter notiert ist, hat keinen Einfluss auf das Klangergebnis – Komponisten verwenden meist die für sie geeignetste Variante. Es folgen vier verschiedene Varianten einer chromatischen Tonleiter auf *c*:

1.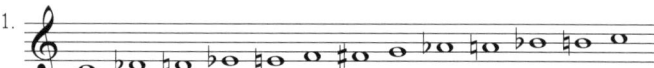

   Diese Variante wird auch als **harmonische chromatische Tonleiter** bezeichnet. Außer dem Grundton und der fünften Stufe erscheint jede Note zweimal.

2.

   Diese Variante wird auch als **melodische (oder willkürliche) chromatische (Dur-)Tonleiter** bezeichnet. Jede Note erscheint zweimal, außer der dritten Stufe und dem Leitton.

3.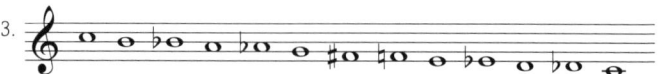

   Hierbei handelt es sich um die absteigende Version der harmonischen und melodischen chromatischen Tonleiter. Jede Note erscheint zweimal, außer dem Grundton und der fünften Stufe.

4.

   Diese Variante wird auch als **melodische (oder willkürliche) chromatische (Moll-)Tonleiter** bezeichnet. Jede Note erscheint zweimal, außer der dritten und fünften Stufe.

> Der Begriff ‚Chromatik' stammt von ‚chroma', dem griechischen Wort für *Farbe*. Die chromatische Tonleiter erhielt ihren Namen, weil ihr eine diatonische Tonleiter zugrunde liegt, der durch Hinzufügen chromatischer Töne Farbe verliehen wird.

## Pentatonische Skalen

Pentatonische Skalen bestehen aus fünf Tönen. Der Begriff ‚Pentatonik' stammt von dem griechischen Wort ‚penta' = fünf. Pentatonische Skalen begegnen weltweit, vor allem in der Volksmusik, und eignen sich gut als Grundlage für Improvisationen in Jazz, Pop und Rock, da sie zu vielen Akkorden passen.

## Dur-Pentatonik

Das pentatonische Dur bedient sich derselben Töne wie eine Dur-Tonleiter unter Auslassung der vierten und siebten Stufe:

*Pentatonische Skala auf c*

Die Töne einer pentatonischen Dur-Skala entsprechen den schwarzen Klaviertasten, beginnend mit *ges*:

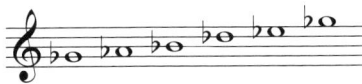

*Pentatonische Skala auf ges*

> Das Lied *Amazing Grace* basiert auf einer pentatonischen Dur-Tonleiter.

## Moll-Pentatonik

Das pentatonische Moll bedient sich derselben Töne wie eine natürliche Moll-Tonleiter unter Auslassung der zweiten und sechsten Stufe:

*Pentatonische Moll-Skala auf a*

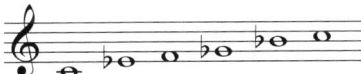

*Pentatonische Moll-Skala auf c*

Die Töne einer pentatonischen Moll-Skala entsprechen den schwarzen Klaviertasten, beginnend mit *es*:

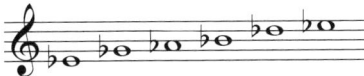

*Pentatonische Moll-Skala auf es*

> Die französischen Komponisten Debussy und Ravel verwenden in einigen ihrer Werke pentatonische Skalen. Debussys Klavierstück *La fille aux cheveux de lin* (Das Mädchen mit den flachsblonden Haaren) basiert auf Dur-Pentatonik.

## Die Ganztonleiter

Die Ganztonleiter besteht aus sechs Ganztönen, beginnend mit *c* oder *des* (der einzigen Transposition).

*Ganztonleiter auf c*

*Ganztonleiter auf des*

> Debussy verwendete in seinem Klavierstück *Voiles* (Préludes, Band 1) die Ganztonleiter.

## Die Oktatonische Skala

Die oktatonische Skala besteht aus alternierenden Ganz- und Halbtönen. Sie wird daher auch Ganzton-Halbton-Skala genannt.

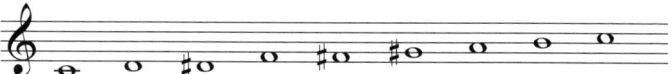

> Strawinsky verwendet die oktatonische Skala in den Balletten *Petruschka* und *Le sacre du printemps*.

# Harmonik

„Am Anfang war der Rhythmus. Dann begann der Mensch zu singen, und die Melodie entstand. Schließlich erklangen zwei Stimmen gemeinsam und der Mensch entdeckte die Mehrstimmigkeit (*Harmonie*). Sobald zwei oder mehr musikalische Stimmen zusammen erklingen, entsteht Harmonie. Ein Großteil der emotionalen Kraft der westlichen Musik liegt in dem Wechsel zwischen Anspannung und Auflösung begründet, der durch die Abfolge von konsonanten und dissonanten Zusammenklängen (Akkorden) entsteht."

*Paul Harris*

# Einführung von Akkorden und Dreiklängen

Die Harmonielehre basiert auf Akkorden und ihrem Verhältnis zueinander. Ein gleichzeitiges Erklingen von zwei oder mehr Tönen in einer Harmonie nennt man **Akkord**. Harmonik ist ein fundamentaler Bestandteil westlicher Musik. Die einfachste Harmonie ist der **Dreiklang**, ein aus drei Tönen bestehender Akkord. Der Dreiklang auf c beispielsweise besteht aus den Tönen *c*, *e* und *g*. *C* ist der **Grundton**, *e* die **Terz**, da es sich um die dritte Stufe der Tonleiter handelt (vom Grundton aus gezählt), *g* ist die **Quinte**.

## Tonika-Dreiklänge

Der Tonika-Dreiklang basiert auf dem Grundton einer Tonart. Es folgen die Tonika-Dreiklänge auf *c*, *f* und *g*, allesamt Dur-Dreiklänge:

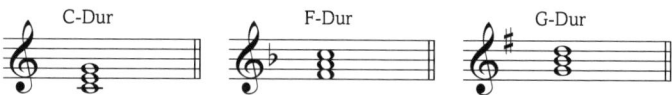

Es folgen die Tonika-Dreiklänge auf *a*, *d* und *e*, hier handelt es sich um Moll-Dreiklänge:

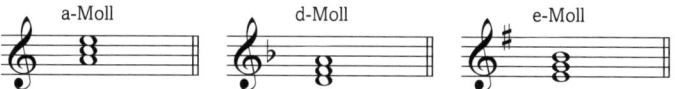

Ein Dreiklang kann auf jeder Stufe einer Tonleiter gebildet werden (vgl. Seite 26)

## Dur- und Moll-Dreiklänge

Man unterscheidet zwei Hauptarten von Dreiklängen: Dur- und Moll-Dreiklang. Beide bilden als Rahmenintervall eine reine Quinte. Der Dur-Dreiklang hat vom Grundton aus gerechnet eine große Terz, der Moll-Dreiklang eine kleine.

| | | | | | | |
|---|---|---|---|---|---|---|
| **Dur-Dreiklang** | = | Grundton | + | große Terz | + | reine Quinte |
| *C-Dur-Dreiklang* | = | *c* | + | *e* | + | *g* |
| **Moll-Dreiklang** | = | Grundton | + | kleine Terz | + | reine Quinte |
| *c-Moll-Dreiklang* | = | *c* | + | *es* | + | *g* |

# Hauptdreiklänge und Nebendreiklänge

Die Akkorde auf der I., IV. und V. Stufe der Tonleiter werden als **Hauptdreiklänge** bezeichnet. Das sind die in der westlichen Musik am häufigsten verwendeten Akkorde, und sie dienen vor allem dem Festigen der Tonart. Man nennt sie **Tonika** (I), **Subdominante** (IV) und **Dominante** (V). Dreiklänge auf anderen Stufen werden **Nebendreiklänge** genannt.

Es folgen die Hauptdreiklänge von C-Dur. Es sind **Dur-Dreiklänge**, da sie (vom Grundton gerechnet) aus einer großen Terz und einer reinen Quinte bestehen.

> Die römischen Ziffern der Ton*stufen* werden auch zum Benennen der Dreiklänge verwendet.

Die Dreiklänge auf der I. und IV. Stufe einer Moll-Tonleiter bestehen (vom Grundton gerechnet) aus einer kleinen Terz und einer reinen Quinte und sind daher **Moll-Dreiklänge**. Der Dreiklang auf der V. Stufe einer Moll-Tonart besteht hingegen aus einer großen Terz und reinen Quinte, es handelt sich also um einen **Dur-Dreiklang**. Es folgen die Hauptdreiklänge von a-Moll:

> Man beachte bei der V. Stufe das Vorzeichen vor der Terz (*gis*). Es ist nötig, um den Leitton der harmonischen Moll-Tonleiter zu bilden (vgl. Seite 41).

# Dur-, Moll-, verminderte und übermäßige Akkorde

Dreiklänge lassen sich für gewöhnlich in vier Akkordtypen einteilen: Dur, Moll, vermindert und übermäßig. Sie bestehen aus folgenden Intervallen:

- **Dur** = Grundton + große Terz + reine Quinte
- **Moll** = Grundton + kleine Terz + reine Quinte
- **Vermindert** = Grundton + kleine Terz + verminderte Quinte
- **Übermäßig** = Grundton + große Terz + übermäßige Quinte

Das folgende Beispiel zeigt alle möglichen Dreiklangsbildungen auf *c*:

> Man kann sich einen Dreiklang auch als ein Konstrukt aus zwei
> übereinandergeschichteten Terzen vorstellen. Es gibt vier verschiedene
> Kombinationsmöglichkeiten von (großen und kleinen)Terzen:
> 1. Eine kleine Terz über einer großen Terz ergibt einen Dur- Dreiklang.
> 2. Eine große Terz über einer kleinen Terz ergibt einen Moll- Dreiklang.
> 3. Eine kleine Terz über einer kleinen Terz ergibt einen verminderten
>    Dreiklang.
> 4. Eine große Terz über einer großen Terz ergibt einen übermäßigen
>    Dreiklang.

Wenn auf jeder Stufe einer (natürlichen) **Dur-Tonleiter** ein Dreiklang gebildet wird, entstehen folgende Akkorde:

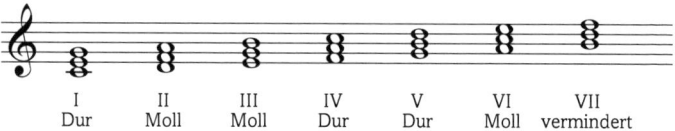

Wenn auf jeder Stufe einer **Moll-Tonleiter** ein Dreiklang gebildet wird, entstehen folgende Akkorde:

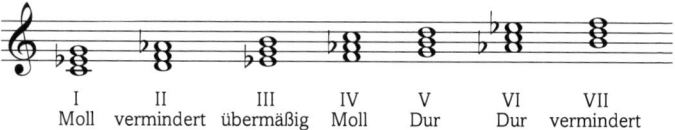

## Septakkorde

Ein Septakkord entsteht durch Hinzufügen der Septime des Grundtons über dem Dreiklang. Dies sind die Septakkorde aller Stufen der C-Dur Tonleiter:

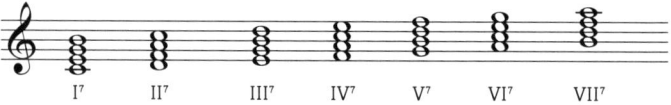

Man unterschiedet vier Typen von leitereigenen Septakkorden: **Dominantseptakkord**, den **großen Septakkord**, den **kleinen Septakkord** und den **halbverminderten Septakkord**.

| Akkord | Stufe | Aufbau |
|---|---|---|
| Dominantseptakkord (kleiner Dur-Septakkord) | V | Dur-Dreiklang + kleine Septime |
| großer Dur-Septakkord | I, IV | Dur-Dreiklang + große Septime |
| kleiner Moll-Septakkord | II, III, VI | Moll-Dreiklang + kleine Septime |
| halbverminderter Septakkord | VII | verminderter Dreiklang + kleine Septime |

> Der häufigste Septakkord ist der Dominantseptakkord.

## Akkorde in Grundstellung

Bisher wurden alle Töne innerhalb der Akkorde in der Reihenfolge der Stammtonleiter angeordnet: mit dem Grundton als tiefstem Ton, der Terz über dem Grundton und der Quinte als höchstem Ton. Diesen Aufbau auf der Basis des Grundtons als tiefstem Ton nennt man Grundstellung. Bei Akkorden in **Grundstellung** kann allerdings die Reihenfolge von Terz und Quint vertauscht werden:

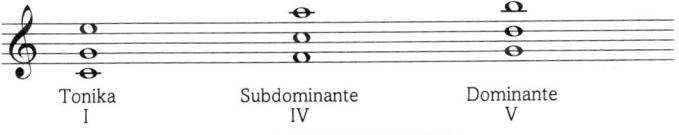

Tonika      Subdominante      Dominante
I      IV      V

> Die Terz der Akkorde wurde jeweils nach oben oktaviert.

### Verdopplung

Bei Kompositionen im vierstimmigen Satz muss jeweils ein Ton des Dreiklangs verdoppelt werden, um vier Stimmen zu erhalten. Hierfür gibt es folgende Regeln:

- Bei einem Dur-Dreiklang werden Grundton oder Quinte verdoppelt, nie die Terz.
- Bei einem Moll-Dreiklang kann jeder Ton verdoppelt werden.
- Generell kann ein Akkord ohne Grundton oder Quinte auskommen, jedoch niemals ohne Terz: Man braucht die Terz, um das Tongeschlecht (Dur oder Moll) zu definieren.

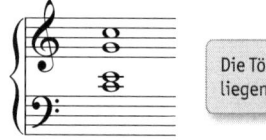

| Verdoppelte Note: | Grundton | Quinte | Grundton | Quinte | Grundton | Quinte |

### Enge und weite Lage

Wenn die oberen drei Töne eines vierstimmigen Satzes eng beieinander liegen, spricht man von **enger Lage**.

> Die Töne eines Akkords in enger Lage liegen innerhalb eines Oktavraums.

*Enge Lage*

Liegen alle Töne eines vierstimmigen Akkords weit auseinander, spricht man von **weiter Lage**.

> Die Töne eines Akkords in weiter Lage liegen außerhalb eines Oktavraums.

*Weite Lage*

## Akkordumkehrungen

Liegt bei einem Akkord *nicht* der Grundton im Bass, so spricht man von einer Umkehrung. Bei einem Dreiklang können außer dem Grundton zwei weitere Töne im Bass liegen: die Terz und die Quinte. Dadurch ergeben sich zwei mögliche Umkehrungen.

- Befindet sich der Grundton im Bass, so spricht man von der **Grundstellung**:

- Befindet sich die Terz im Bass, so spricht
  man von der **ersten Umkehrung**:

- Befindet sich die Quinte im Bass, so spricht
  man von der **zweiten Umkehrung**:

Septakkorde bestehen aus vier Tönen, daher sind drei Umkehrungen möglich. Der Dominantseptakkord in C-Dur (G7) hat folgende Umkehrungen:

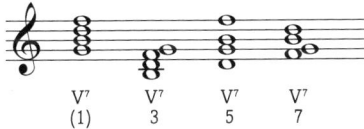

> In einem mehr als vierstimmigen Satz darf die Septime nicht verdoppelt werden.

# Bezeichnung von Akkorden

## Römische Ziffern

Üblicherweise werden Akkorde mit römischen Ziffern versehen, die die **Tonstufe** innerhalb der Skala angeben (I für die Tonika, V für die Dominante etc., wie in den vorherigen Beispielen). Die Umkehrung eines Akkords wird in kleinen arabischen Ziffern unter die römische Ziffer gesetzt:

- Ziffer 1 (oder keine Angabe) für die Grundstellung, z.B. $V_1$ oder V
- Ziffer 3 für die erste Umkehrung (Terz im Bass), z.B. $V_3$
- Ziffer 5 für die zweite Umkehrung (Quinte im Bass), z.B. $V_5$

## Bezifferter Bass

Eine Alternative bei der Benennung von Umkehrungen ist der **bezifferte Bass**. Hierbei werden die Bassnoten mit Zahlen (oder Zahlenkombinationen) versehen, welche die gewünschten Harmonien anzeigen. Bei bezifferten Akkorden werden die Intervalle vom Baston aus gezählt:

- Die Grundstellung kann durch die Ziffern $^5_3$ angezeigt werden:

  Ein Akkord ohne Bezifferung steht üblicherweise in der Grundstellung.

- Die erste Umkehrung kann durch die Ziffern $^6_3$ oder auch nur 6 angezeigt werden:

- Die zweite Umkehrung wird durch die Ziffern $^6_4$ angezeigt:

- Ein Vorzeichen neben einer Ziffer gilt für den Ton, der durch die Ziffer dargestellt wird:

- Ein Vorzeichen ohne Ziffer bezieht sich immer auf die Terz eines Akkords in Grundstellung:

Der bezifferte Bass wurde vor allem in der Barockzeit verwendet: Während ein Bassinstrument die Basslinie spielte, wurden die angegebenen Harmonien von Tasten- oder Zupfinstrumenten ergänzt.

**Akkord-Notation bei Pop und Jazz**

Im Gegensatz zur Angabe der Akkorde nach Tonstufen können Akkorde auch nach ihrem **Grundton** bezeichnet werden. Dies ist vor allem in der Pop- und Jazzmusik üblich. Die Akkordnamen stehen über dem System und geben das Tongerüst vor, auf dessen Grundlage improvisiert werden kann:

- Der Grundton des Akkords wird durch einen Großbuchstaben dargestellt, z.B. **C**. Ein Großbuchstabe ohne weitere Zusätze steht für einen Dur-Akkord.
- Moll-Akkorde werden durch den Zusatz „m" gekennzichet, z.B. **Am** (a-Moll), verminderte Akkorde durch „dim", z.B. **Cdim** (C vermindert).
- Zusätzliche Akkord-Töne werden durch Ziffern angezeigt (vom Grundton aus gerechnet), z.B. beim Septakkord: **C⁷**.
- Die Zahl 7 steht für eine kleine Sept, eine große Sept wird meist mit „maj7" angezeigt, z.B. **Cmaj7**.
- Basstöne, die nicht dem Grundton eines Akkords entsprechen, werden hinter dem Akkordnamen angegeben. **F/A** bedeutet: F-Dur-Dreiklang mit *a* als Bassnote.

# Kadenzen

Kadenzen sind bestimmte Sequenzen der Hauptdreiklänge, die der Musik eine gewisse Ordnung geben. Sie sorgen dafür, dass Spannungsmomente der Melodie oder Harmonik einen Ruhe- oder Endpunkt erreichen. Kadenzen waren ursprünglich Schlusswendungen, sie befinden sich am Schluss musikalischer Phrasen (vgl. Seite 92), und ihre Funktion kann mit der eines Kommas oder Punktes innerhalb eines Satzes verglichen werden. Kadenzen bestehen aus mindestens zwei Akkorden. Wir unterscheiden vier Hauptschlusswendungen:

| | |
|---|---|
| **Authentischer Schluss** | V–I |
| **Halbschluss** | jede mit V endende Wendung (normalerweise I–V, II–V oder IV–V) |
| **Plagaler Schluss** | IV–I |
| **Trugschluss** | Auf V folgt nicht die erwartete I (meistens V–VI) |

Zwei Kadenzen enden auf dem Tonika-Akkord: der authentische Schluss und der Plagalschluss. Sie haben die größte Schlusswirkung.

## Der authentische Schluss (V–I)

Der authentische Schluss (V–I bzw. Dominante–Tonika) tritt meistens am Ende eines Musikstücks oder Satzes auf. Als Beispiel dient hier Beethovens fünfte Sinfonie, die mit acht aufeinanderfolgenden authentischen Schlüssen endet. Der authentische Schluss endet auf der I und ist somit ein **Ganzschluss**.

> Beim authentischen Schluss wird manchmal der Dominantseptakkord verwendet (V⁷-I).

*Ein authentischer Schluss in C-Dur*

Für die Schlusswirkung beim authentischen Schluss sind zwei Dinge entscheidend:

1. die Bewegung von der **Dominante** (Quinte, hier: *g*) zum Grundton (hier: *c*)

2. der **Leitton** (hier *h*), der zur **Tonika** drängt (hier: *c*)

## Der Halbschluss (I–V, II–V oder IV–V)

Der Halbschluss endet immer auf der Dominante. Ihr kann jeder andere Akkord vorangehen, am gebräuchlichsten sind jedoch die Abfolgen I–V, II–V und IV–V. Halbschlüsse klingen unvollkommen und erwecken den Eindruck, die Musik müsse weitergehen.

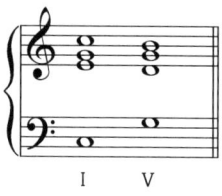

*Ein Halbschluss in C-Dur*

## Der plagale Schluss (IV–I)

Von einem plagalen (Ganz-)Schluss spricht man, wenn die Tonika auf den Subdominant-Akkord folgt. Seine Schlusswirkung ähnelt der des authentischen Schlusses.

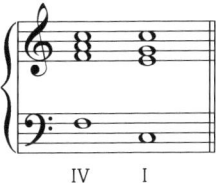

> Der plagale Schluss wird manchmal ‚Amen-Schluss' genannt, da er häufig beim Schluss-Amen geistlicher Vokalmusik auftritt.

*Ein plagaler Schluss in C-Dur*

## Der Trugschluss (V–?)

Die Verwendung der Dominante weckt beim Hörer die Erwartung eines authentischen Schlusses; doch anstatt des erwarteten Tonika-Akkords folgt ein anderer Akkord (meist die Tonikaparallele). Diese Art von Kadenz wird daher **Trugschluss** genannt.

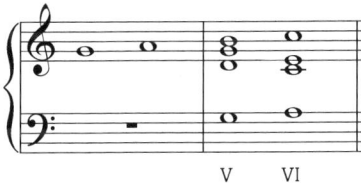

*Ein Trugschluss*

## Der Quartsext-Vorhalt

Die Akkordfolge $^6_4$–$^5_3$ wird häufig zur Einleitung eines Ganz- oder Halbschlusses verwendet:

## Harmonisierung von Tönen

Melodie und Harmonie sind eng miteinander verknüpft – sie beeinflussen sich gegenseitig. Meistens wechseln die Akkorde weniger häufig als die Töne einer Melodie – normalerweise bleibt ein Akkord über mehrere Melodietöne bestehen. Die Wechselrate der Akkorde wird **harmonisches Tempo** genannt: Lang anhaltende Akkorde mit niedriger Wechselrate vermitteln ein Gefühl von Stillstand, Ruhe und Stabilität, wohingegen bei häufiger wechselnden Akkorden der Eindruck von Schnelligkeit überwiegt.

## Satztechniken und Textur

Der Begriff **Textur** bezieht sich auf die verschiedenen musikalischen Stimmlagen und ihre Beziehungen zueinander. Anstatt in vertikalen Blöcken können Akkorde auch gebrochen, als sich wiederholende Phrasen oder als **Figurationen** (vgl. Seite 64) auftreten; so kann der Aufbau eines Musikstücks variiert werden.

In seiner *Chaconne mit 62 Variationen* (1773) variiert Händel immer wieder dieselbe Akkordfolge, um verschiedene Effekte zu erzielen.

> Eine Chaconne ist eine musikalische Form, bei der eine sich wiederholende Akkordfolge oder ein Bass-Motiv die Grundlage für Variationen bildet.

## Homophonie

Das Beispiel zeigt die Akkordfolge von Händels *Chaconne*:

Der Aufbau dieser Akkordfolge ist **homophon** (wörtlich: ‚zusammen klingend'), d.h. die einzelnen Stimmen der Akkorde erklingen blockweise, im gleichen Rhythmus, wobei eine Stimme, meistens die Oberstimme, die Melodie spielt.

## Polyphonie

Polyphonie bedeutet wörtlich: ‚verschiedene Klänge oder Stimmen'.
Polyphone Musik besteht aus zwei oder mehr Stimmen, die sich hinsichtlich der zeitlichen Abfolge und des Rhythmus relativ selbstständig bewegen.

> Eine andere Bezeichnung für eine polyphone Satztechnik ist ‚Kontrapunkt'.

## Kanon

Beim Kanon handelt es sich um eine kontrapunktische Technik, bei der die Melodie einer Stimme zeitversetzt von einer anderen Stimme wiederholt wird. Händel hat in seiner Variation Nr. 62 der *Chaconne* aus den Akkordtönen einen Kanon komponiert:

## Gebrochene Akkorde

Von einem gebrochenen Akkord spricht man, wenn die Töne eines Akkords einzeln und nacheinander erklingen. In den Variationen 2 und 21 der *Chaconne* verwendet Händel verschiedene Arten gebrochener Akkorde in der linken Hand:

> Die linke Hand spielt hier ein Achtelmotiv aus den Tönen des jeweiligen Akkords.

*Variation 21*

> Die Stimme der rechten Hand ist mit Nebennoten ausgeschmückt, während die linke Hand einfache gebrochene Akkorde in Achteln spielt.

*Variation 2*

---

### Durchgangsnoten und Nebennoten

Bei einer **Durchgangsnote** handelt es sich um einen funktionslosen Ton innerhalb einer Melodie. Funktionslose Töne sind nicht Harmonie bildend, sondern dienen der Ausschmückung und verbinden Harmonietöne miteinander. Ein weiterer funktionsloser Ton ist die **Wechselnote**. Sie „wechselt" von einem Ton auf eine benachbarte Tonstufe und wieder zurück.

## Arpeggien und Alberti-Bass

Zwei häufig verwendete Arten gebrochener Akkorde (die nicht in Händels *Chaconne* vorkommen) sind Arpeggien sowie der Alberti-Bass. Bei einem **Arpeggio** werden die Töne in ihrer tonleitereigenen Reihenfolge von unten nach oben oder umgekehrt gespielt:

Der Begriff *Arpeggio* stammt vom italienischen Verb *arpeggiare* und bedeutet ‚die Harfe spielen'.

Beim **Alberti-Bass** handelt es sich um eine Bassfigur der linken Hand eines Tasteninstruments. Er besteht aus gebrochenen Dreiklängen, deren Töne in einer bestimmten Reihenfolge gespielt werden (tief–hoch–mittel–hoch). Der Alberti-Bass kommt vor allem in der klassischen Klaviermusik vor, z.B. im langsamen Satz von Mozarts Klaviersonate C-Dur, KV 545:

Die Bezeichnung *Alberti-Bass* geht auf den Komponisten Domenico Alberti (ca. 1710–1740) zurück, der diese Bassfigur häufig verwendet hat

## Tonleiterförmige Figuration

Eine Figuration ist eine kurze musikalische Phrase oder Verzierung, die mehrmals wiederholt wird. In seiner Variation 38 der *Chaconne* verwendet Händel eine tonleiterförmige Figuration:

# Transposition

„Transponieren – ist das nötig? Der Fähigkeit, transponieren zu können, wird viel zu wenig Beachtung geschenkt, obwohl sie für jeden Musiker nur von Vorteil ist. Wer eine gehörte Melodie mit jedem anderen Anfangston singen oder spielen kann, beweist, dass er oder sie ihren Verlauf wirklich verinnerlicht hat. Auch bei der Schulung technischer Fähigkeiten kann Transponieren äußerst hilfreich sein."

*Paul Harris*

# Einführung in die Transposition

Unter Transponieren versteht man den Prozess, ein Musikstück höher oder tiefer aufzuschreiben oder zu spielen, als es geschrieben ist. Bei einem transponierten Musikstück werden alle Töne um dasselbe Intervall nach oben oder unten verändert. Es kommt relativ häufig vor, dass ein Musikstück in einer anderen Tonart als im Original benötigt wird.

Transposition ist z.B. nötig,

- wenn ein Stück oder eine Stimme mit einem anderen als dem in der Partitur angegebenen Instrument gespielt wird,
- wenn ein Stück oder eine Stimme mit einem transponierenden Instrument gespielt wird (siehe Seite 70),
- wenn einem Sänger die Originalstimme zu tief oder zu hoch ist.

> Lieder werden häufig in verschiedenen Tonarten herausgegeben: für ‚hohe Stimme', ‚mittlere Stimme' und ‚tiefe Stimme'.

# Oktavieren

Die einfachste Transposition ist die Oktavierung, das heißt, die Tonhöhe wird um das Intervall einer Oktave nach oben oder unten verändert. Bei der Oktavierung bleiben Notennamen, Tonart und alle Vorzeichen unverändert:

zweigestrichene Oktave

eingestrichene Oktave

kleine Oktave

*Eine Melodie in drei verschiedenen Oktavlagen notiert*

Im vorherigen Beispiel wurde bei der Transposition nach unten ein Bassschlüssel verwendet, so dass die Noten innerhalb des Systems liegen und leichter lesbar sind.

*Der Ton c in drei verschiedenen Oktavlagen innerhalb eines Klaviersystems*

## Oktavieren in den Alt- oder Tenorschlüssel

Die meisten Musikstücke sind im Violin- oder Bassschlüssel notiert. Manchmal ist es jedoch besser, einen Alt- oder Tenorschlüssel zu verwenden (vgl. Seite 22). Ihr Tonraum innerhalb der fünf Linien liegt genau zwischen dem des Violin- und Bassschlüssels. Musik für Viola wird normalerweise im Altschlüssel notiert, da sich der Ambitus des Instruments am besten in diesem Schlüssel darstellen lässt und dadurch weniger Hilfslinien benötigt werden.

*Die relative Position des $c^1$ in verschiedenen Schlüsseln*

Werden J. S. Bachs Cellosuiten von einer Viola gespielt, dann müssen sie um eine Oktave nach oben und in den Altschlüssel transponiert werden. Das Beispiel zeigt den Beginn der *Gigue* aus der Suite Nr. 2 in d Moll:

*Original für Cello, im Bassschlüssel notiert*

> Die Tonart und alle Vorzeichen bleiben unverändert.

*Transposition für Viola – das Stück wurde um eine Oktave nach oben transponiert und im Altschlüssel notiert*

# Transponieren in eine andere Tonart

Wird ein Musikstück um ein anderes Intervall als eine Oktave nach oben oder unten transponiert, ändert sich die Tonart. Die folgende Passage aus Beethovens Sinfonie Nr. 8, 3. Satz (1812) steht in F-Dur (mit einem Be als Vorzeichen):

Transponiert man diese Passage um eine große Sekunde nach oben, benötigt man die Vorzeichnung G-Dur (ein Kreuz), damit das Intervallmuster unverändert bleibt:

Dementsprechend muss die Vorzeichnung B-Dur lauten, wenn die Passage um eine reine Quinte nach unten transponiert wird:

> Jedes Vorzeichen, das im Original direkt vor einer Note steht, muss in der Transposition angepasst werden. So wird in den Transpositionen aus dem zum *h* aufgelösten *b* im Original ein Kreuz vor dem *c* (*cis*) bzw. ein aufgelöstes *e*.

### Theorie in der Praxis: Checkliste für das Transponieren

- Sind alle Schlüssel, Vorzeichen und Taktangaben richtig übernommen worden?
- Stimmt der erste Ton? Beim Oktavieren darauf achten, dass das Stück wirklich in der neuen Oktave steht und nicht etwa in derselben oder um zwei Oktaven verschoben.
- Wurden alle Vorzeichen außerhalb der Generalvorzeichen übertragen?
- Entsprechen die einzelnen Ton-Abstände denen des Originals? Besonders die Noten mit Vorzeichen sollten geprüft werden.
- Wenn vom Bass- in den Violinschlüssel transponiert wird, müssen die Töne, die im Original im Zwischenraum notiert sind, nun auf der Linie notiert sein und umgekehrt.

## Theorie in der Praxis: Tipps zum Transponieren

### Transposition in eine andere Tonart

Nachdem die Originaltonart bestimmt wurde, wird von ihrem Grundton aus das vorgeschriebene Intervall nach oben oder unten abgezählt, um die Zieltonart und die entsprechende Vorzeichnung zu ermitteln. Nun wird der erste Ton notiert. Für die Erarbeitung der nachfolgenden Töne gibt es mehrere Möglichkeiten:

1. Jede Note des Originals wird nacheinander um das verlangte Intervall transponiert, z.B. beim Transponieren um eine große Sekunde nach oben:

**ODER**

2. Die Tonstufen eines jeden Tons in der Originaltonart werden ermittelt und das entsprechende Äquivalent in der Ziel-Tonart notiert:

**ODER**

3. Man folgt dem Verlauf der Melodie und übernimmt die Tonabstände, die sich von einer Note zur nächsten ergeben:

# Transponierende Instrumente

Bei transponierenden Instrumenten unterscheidet sich die Tonhöhe der *notierten* Töne von der Tonhöhe der **klingenden Töne**, d.h. von der Tonhöhe, in dem das Instrument tatsächlich *erklingt*. Die folgende Passage erklingt auf allen drei Instrumenten gleich, obwohl sie unterschiedlich notiert ist:

> Für die Verwendung transponierender Instrumente gibt es verschiedene Gründe, doch meist ging es darum, dem Musiker das Lesen und Spielen der Noten zu erleichtern. Das betraf vor allem bestimmte Instrumente im frühen Entwicklungsstadium.

## Die Klarinette

Die Klarinette ist ein transponierendes Instrument. Am häufigsten werden B-Klarinetten und A-Klarinetten verwendet. Manche Komponisten haben früher auch für C-Klarinette komponiert, heute wird jedoch die etwas größere B-Klarinette bevorzugt, auch wegen ihres weicheren Klangs.

- Die B-Klarinette ist im Notentext um eine große Sekunde nach oben transponiert: Ein notiertes *c* ergibt ein klingendes *b*.
- Die A-Klarinette ist im Notentext um eine kleine Terz nach oben transponiert: Ein notiertes *c* ergibt ein klingendes *a*.

Klarinettisten besitzen oft unterschiedliche Instrumente, um unangenehme Tonarten zu umgehen: Sie wählen einfach das Instrument, das besser zur Tonart passt. Ein Stück in E-Dur ist mit einer A-Klarinette (in G-Dur notiert) einfacher zu spielen als mit einer B-Klarinette (in Fis-Dur notiert).

## Oktavtransposition

Ist der Ambitus eines Instruments zu hoch oder zu tief für eine bequeme Notation der klingenden Töne im Violin- oder Bassschlüssel, wird zugunsten der Lesbarkeit eine Oktave höher oder tiefer notiert:

- Piccoloflöte, Sopranino und Xylophon klingen eine Oktave höher als notiert.
- Kontrabass, Gitarre, Tuba und Kontrafagott klingen eine Oktave tiefer als notiert.
- Das Glockenspiel klingt zwei Oktaven höher als notiert.

| Instrument | notiert | klingend | | Tonart *(die als C-Dur klingt)* |
|---|---|---|---|---|
| **Holzbläser** | | | | |
| Englischhorn | | reine Quinte tiefer | | G-Dur |
| Klarinette in B | | große Sekunde tiefer | | D-Dur |
| Klarinette in A | | kleine Terz tiefer | | Es-Dur |
| Klarinette in Es | | kleine Terz höher | | A-Dur |
| Bass-Klarinette | | große Sekunde plus Oktave tiefer | | D-Dur |
| Sopran-Saxophon | | große Sekunde tiefer | | D-Dur |
| Alt-Saxophon | | große Sexte tiefer | | A-Dur |
| Tenor-Saxophon | | große Sekunde plus Oktave tiefer | | D-Dur |
| Bariton-Saxophon in Es | | große Sexte plus Oktave tiefer | | A-Dur |
| **Blechbläser** | | | | |
| Horn in F | | reine Quinte tiefer | | G-Dur |
| Trompete in B | | große Sekunde tiefer | | D-Dur |

*Übersicht der gängigsten transponierenden Orchesterinstrumente*

## Weitere transponierende Instrumente – Brassband

Die Noten der folgenden Blechblasinstrumente sind allesamt im Violinschlüssel notiert, auch die tieferen Instrumente. Das erleichtert es den Spielern, schnell von einem Instrument zum anderen zu wechseln.

| Instrument | notiert | klingend | Tonart *(die als C-Dur klingt)* |
|---|---|---|---|
| Soprankornett | | kleine Terz höher | A-Dur |
| Kornett in B | | große Sekunde tiefer | D-Dur |
| Flügelhorn | | große Sekunde tiefer | D-Dur |
| Tenorhorn in Es | | große Sexte tiefer | A-Dur |
| Baritonhorn in B | | große Sekunde tiefer | D-Dur |
| Tenorposaune in B | | große Sekunde tiefer | D-Dur |
| Euphonium | | große Sekunde plus Oktave tiefer | D-Dur |
| Basstuba in Es | | große Sexte plus Oktave tiefer | A-Dur |
| Basstuba in B | | große Sekunde plus Oktave tiefer | D-Dur |

*Weitere transponierende Blechbläser*

# Instrumente und Stimmen

„Zusätzlich zu den drei Grundelementen der Musik – Rhythmus, Melodie und Harmonie – gibt es eine Vielzahl von Instrumenten mit jeweils individueller Klangfarbe und unterschiedlichen Klangregistern. In ihrer Kombination ergeben die Instrumentalstimmen in den verschiedenen Registern ein grenzenloses Kaleidoskop klanglicher Möglichkeiten."

*Paul Harris*

# Orchesterinstrumente

Orchesterinstrumente werden in **Holzbläser**, **Blechbläser**, **Schlaginstrumente** und **Streicher** eingeteilt; zusammen ergeben sie die vier Abteilungen eines Orchesters. Entsprechend sind auch Orchesterpartituren gegliedert: Die Instrumentengruppen werden jeweils in einer Akkoladenklammer zusammengefasst und innerhalb der Gruppe nach Tonhöhe von oben nach unten angeordnet. Zusätzliche Stimmen wie ein Chorsatz oder Solisten werden über den Streichern eingefügt.

Auf der gegenüberliegenden Seite befindet sich eine Darstellung der Eröffnungstakte von Beethovens Sinfonie Nr. 8.

# Holzbläser

Holzblasinstrumente werden so genannt, weil sie ursprünglich aus Holz gefertigt wurden. Inzwischen bestehen die meisten nicht mehr aus Holz, sondern aus Metall oder synthetischen Materialien.

## Klangerzeugung

Bei den Holzbläsern wird der Klang erzeugt, indem eine Luftsäule innerhalb eines Rohres in Schwingung versetzt wird.

- **Flöte** und **Piccoloflöte** werden seitlich horizontal gehalten. Ein Luftstrom wird auf die Kante des Mundstücks (einer unbedeckten Öffnung) gerichtet, wodurch Vibrationen in der Luftsäule erzeugt werden.

- Die **Klarinette** verfügt über ein **einfaches Rohrblatt** – ein dünnes flaches Stück Schilf, das auf das Mundstück gelegt wird. Der Luftstrom des Spielers versetzt das Rohrblatt in Schwingungen, die sich anschließend auf die Luftsäule übertragen.

- **Oboe**, **Englischhorn** und **Fagott** verwenden ein Doppelrohrblatt – zwei dünne, aufeinandergelegte Schilfblätter. Die beiden Rohrblätter vibrieren gegeneinander und versetzen die Luftsäule in Schwingung.

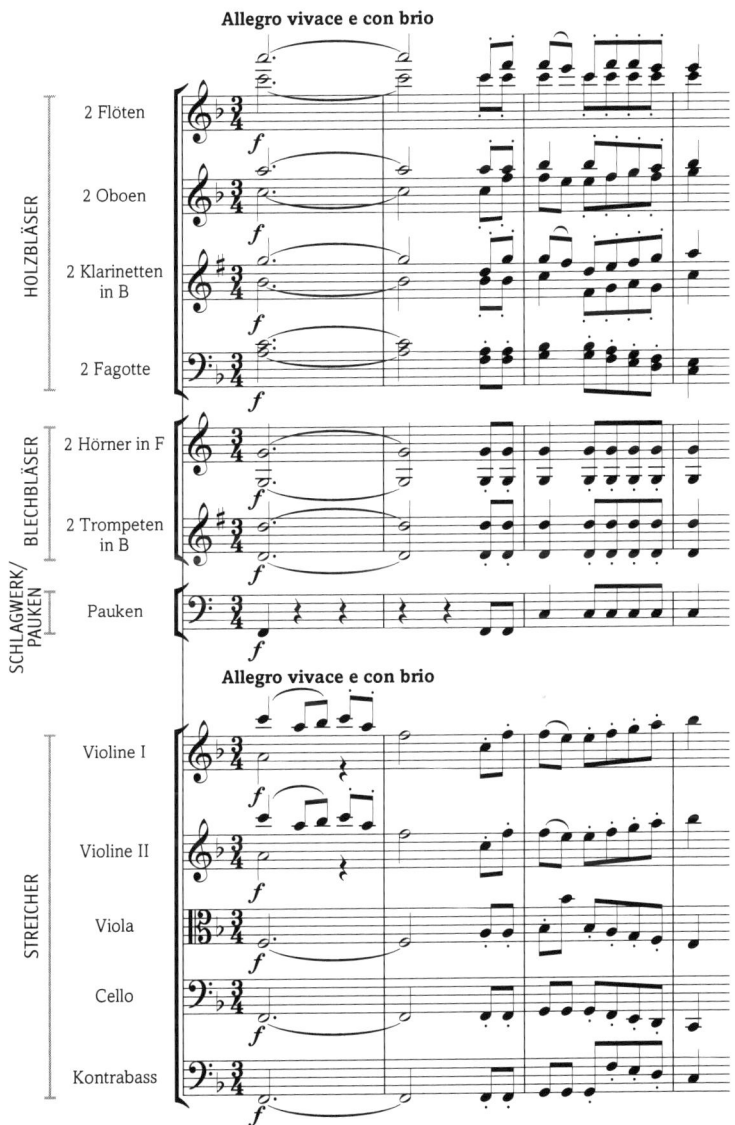

*Auszug aus Beethovens Sinfonie Nr. 8 (1812)*

## Tonumfänge

Es folgt eine Übersicht der notierten Tonumfänge aller gängigen Holzblasinstrumente eines Orchesters. Professionelle Spieler sind sicherlich in der Lage, den vollen Umfang zu spielen. Trotzdem sollte man, wenn man für diese Instrumente schreibt, die extremen Register vermeiden und sich an den Umfang halten, der durch die ersten beiden Noten angezeigt ist.

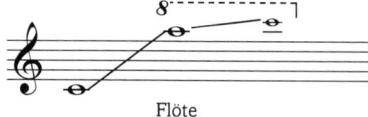

Flöte

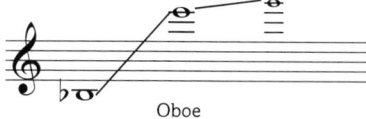

Oboe

Klarinette

Fagott

| Instrument* | Italienische Bezeichnung | Schlüssel | transponierend |
|---|---|---|---|
| Piccoloflöte | Flauto piccolo | 𝄞 | ja – klingt eine Oktave höher als notiert |
| Flöte† | Flauto | 𝄞 | nein |
| Oboe† | Oboe | 𝄞 | nein |
| Englischhorn | Corno inglese | 𝄞 | ja – klingt eine reine Quinte tiefer als notiert |
| Klarinette in Es | Clarinetto | 𝄞 | ja – klingt eine kleine Terz höher als notiert |
| Klarinette in B† | Clarinetto | 𝄞 | ja – klingt eine große Sekunde tiefer als notiert |
| Klarinette in A† | Clarinetto | 𝄞 | ja – klingt eine kleine Terz tiefer als notiert |
| Bass-Klarinette in B | Clarinetto basso | 𝄞 | ja – klingt eine große None tiefer als notiert |
| Fagott† | Fagotto | 𝄢 ( 𝄡 tnr) | nein |
| Kontrafagott | Contrafagotto | 𝄢 | ja – klingt eine Oktave tiefer als notiert |

*Holzblasinstrumente*

\* Die Standard-Holzblasinstrumente eines Orchesters sind mit † gekennzeichnet und nach Tonhöhe von oben nach unten angeordnet.

## Blechbläser

Alle Blechblasinstrumente bestehen aus Metall. Heutzutage kommen allerdings neben purem Messing auch andere Metalle zum Einsatz. Die nachfolgende Tabelle (Seite 79) zeigt die Reihenfolge, in der die Blechblasinstrumente innerhalb einer Orchesterpartitur angeordnet werden. Zu beachten ist hierbei, dass das Horn oberhalb der Trompete steht, obwohl es tiefer klingt.

### Klangerzeugung

Jedes Blechblasinstrument verfügt über ein becherförmiges Mundstück, eine lange Röhre und einen Trichter. Die Klangerzeugung erfolgt, indem die Luftsäule innerhalb der Röhre in Schwingung versetzt wird. Die Schwingung wird dadurch erzeugt, dass die Lippen des Spielers am Mundstück vibrieren. Mehrere unterschiedliche Töne (diejenigen der Naturtonreihe) können erzeugt werden, indem der Spieler die Spannung seiner Lippen verändert: je höher die Spannung, desto höher der Ton. Um das Repertoire der Töne zu erweitern, verfügen die Instrumente über **Ventile** oder einen **Zug**, welche die Länge des Rohres verändern. Für beide gilt das Prinzip: je länger die Röhre, desto tiefer der Ton.

- Das **Horn**, die **Trompete** und die **Tuba** sind **Ventil**-Instrumente. Jedes der drei Ventile öffnet weitere Verlängerungen des Rohres, die auch miteinander kombiniert werden können, um verschiedene Tonhöhen zu erzeugen. Wird ein Ventil gedrückt, so öffnet sich eine zusätzliche Windung.

- Die **Posaune** und die **Bass-Posaune** sind beide **Zug**-Instrumente. Durch den Zug wird das Rohr des Instruments verkürzt oder verlängert.

Blechblasinstrumente können mit einem **Dämpfer** gespielt werden: einer Vorrichtung aus Metall oder Holz, die in den Trichter eingeführt wird und die Klangfarbe verändert. Dämpfer treten in unterschiedlichen Formen und Größen auf, die jeweils ein unverwechselbares *Timbre* erzeugen. Der Einsatz eines Dämpfers wird in der Partitur durch folgende Hinweise angezeigt:

*con sordini* (oder: *con sord.*)   mit Dämpfer

*senza sordini* (oder: *senza sord.*)   ohne Dämpfer

### Tonumfänge

Die folgende Seite zeigt den notierten Tonumfang aller gängigen Blechblasinstrumente eines Orchesters. Auch wenn manche Spieler in der Lage sind, höher oder tiefer als angegeben zu spielen, sollte man die extremen Register vermeiden, wenn man für diese Instrumente schreibt.

Trompete    Horn

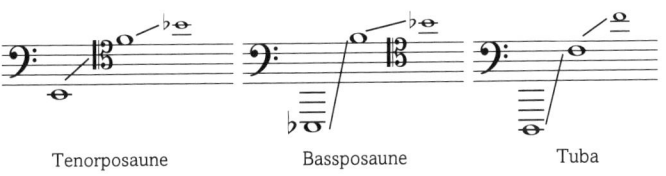

Tenorposaune    Bassposaune    Tuba

| Instrument | Italienische Bezeichnung | Schlüssel | transponierend |
|---|---|---|---|
| Horn in F | Corno | 𝄞 (𝄢) | ja – klingt eine reine Quinte tiefer als notiert |
| Trompete in C | Tromba | 𝄞 | nein |
| Trompete in B | Tromba | 𝄞 | ja – klingt eine große Sekunde tiefer als notiert |
| Tenorposaune | Trombone | 𝄢 (𝄡 tnr) | nein |
| Bassposaune | Trombone basso | 𝄢 | nein |
| Tuba | Tuba | 𝄢 | nein |

*Blechblasinstrumente*

# Schlaginstrumente

Schlaginstrumente können in zwei Gruppen eingeteilt werden – **gestimmte** Schlaginstrumente bzw. **mit bestimmter Tonhöhe** und **ungestimmte** Schlaginstrumente bzw. **mit unbestimmter Tonhöhe**. Schlaginstrumente mit bestimmter Tonhöhe können klar definierte Töne und auch Melodien spielen (z.B. Xylophon oder Glockenspiel). Instrumente mit unbestimmter Tonhöhe spielen nur Rhythmus (z.B. große Trommel).

In den frühen Orchestern des 17. und 18. Jahrhunderts bestand das Schlagwerk meist nur aus Pauken. Seit dem 19. Jahrhundert jedoch wurde das Register der Schlaginstrumentengruppe immer größer und umfasst inzwischen eine umfangreiche und vielfältige Auswahl an Klängen. In seiner *Turangalîla Symphonie* (1948) verlangt der französische Komponist Olivier Messiaen zehn Spieler für sein gewaltiges Schlagwerk-Register, das unter anderem Trommeln, Vibraphon, Glockenspiel, Röhrenglocken, Becken, Maracas, Tamburin, Tamtam, Tempelblock, Triangel und Holzblocktrommel umfasst.

## Klangerzeugung

Das Schlagwerkregister besteht aus Instrumenten, bei denen Klang durch Schlagen, Schütteln oder Reiben erzeugt wird. Für viele Instrumente werden hierfür Schlägel verwendet; es gibt sie in verschiedenen Formen und Größen, mit Köpfen aus unterschiedlichen Materialien wie etwa Gummi, Filz oder Holz.

- **Pauke** und **große Trommel** werden mit Filz- oder Holzschlägeln gespielt.
- Die **kleine Trommel** wird mit hölzernen Schlägeln gespielt.
- Das **Becken** kann auf unterschiedliche Weise zum Einsatz kommen: paarweise verwendet können sie aneinander geschlagen oder gerieben werden; ein einzelnes Becken kann mit einem Schlägel angeschlagen werden.
- **Xylophon** und **Glockenspiel** werden mit Schlägeln gespielt.
- **Röhrenglocken** werden mit dem Hammer angeschlagen (mit Leder oder Plastik ummantelt).
- Das **Tamburin** kann geschlagen, geschüttelt oder gerieben werden, um unterschiedliche Klänge zu erzeugen.
- Die **Triangel** wird mit einem Metallstab angeschlagen.

## Tonumfänge gestimmter Schlaginstrumente

Im Folgenden eine Übersicht der notierten Tonumfänge aller gängigen Schlaginstrumente mit bestimmter Tonhöhe:

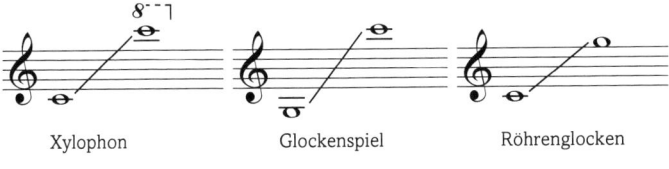

| Xylophon | Glockenspiel | Röhrenglocken |

> Das Glockenspiel klingt zwei Oktaven höher als notiert.

Pauken können mithilfe eines Fußpedals, das die Fellspannung verändert, auf bestimmte Tonhöhen gestimmt werden. Es werden Paare unterschiedlicher Größe verwendet.

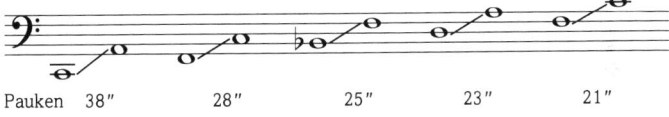

Pauken   38"   28"   25"   23"   21"

| Instrument | Italienische Bezeichnung | Schlüssel | transponierend |
| --- | --- | --- | --- |
| Pauken | Timpani | 𝄢 | nein |
| Triangel | Triangolo | ungestimmt | nein |
| Becken | Piatti, Cinelli | ungestimmt | nein |
| Große Trommel | Gran cassa | ungestimmt | nein |
| Kleine Trommel | Tamburo militare | ungestimmt | nein |
| Tamburin | Tamburo basco, Tamburino | ungestimmt | nein |
| Röhrenglocken | Campane, Campanelle | 𝄞 | nein |
| Glockenspiel | Campanette, Campanelli | 𝄞 | ja – klingt zwei Oktaven höher als notiert |
| Xylophon | Silofono | 𝄞 | ja – klingt eine Oktave höher als notiert |

*Gestimmte Schlaginstrumente*

## Streicher

Die Streichergruppe bildet die Basis eines Orchesters, mehr als die Hälfte der Orchestermitglieder spielen ein Streichinstrument. Die frühen Orchester des 17. und 18. Jahrhunderts waren deutlich kleiner, sie bestanden nur aus etwa zwanzig Streichern und wenigen anderen Instrumentalisten. Mit der Zeit kamen immer mehr Instrumente hinzu, die Zahl der Streicher wuchs bis zu der seit dem 19. Jahrhundert üblichen Besetzung von ca. 50 Streichern. In einer Orchesterpartitur sind die Streicher nach Tonhöhe angeordnet, vom höchsten zum tiefsten Instrument.

### Klangerzeugung

Der Klang wird bei allen Orchester-Streichern auf die gleiche Weise erzeugt: Vier Saiten, die über einen hölzernen Hohlkörper gespannt sind, werden durch darüber streichen mit einem Bogen (oder auch durch Zupfen) zum Schwingen gebracht. Für alle gilt dasselbe Prinzip – je kürzer die Saite, desto höher der Ton. Die Länge einer Saite wird verkürzt, indem der Spieler sie mit dem Finger an den Steg drückt – man nennt das *Griff*. Bei einem Doppelgriff werden zwei (oder mehr) Saiten zur gleichen Zeit gespielt. (Beispiele für Doppelgriffe findet man auf S. 75 in der Partitur zu Beethovens 8. Sinfonie.)

### Tonumfänge

Im Folgenden eine Übersicht der notierten Tonumfänge aller gängigen Streichinstrumente eines Orchesters. Auch wenn manche Spieler in der Lage sind, höher als angegeben zu spielen, sollte man die extremen Register vermeiden, wenn man für diese Instrumente schreibt.

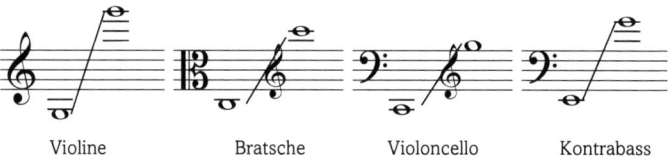

Violine        Bratsche        Violoncello        Kontrabass

> Viele professionelle Kontrabassspieler verwenden ein Instrument mit Hebelmechanik, mit der die Mensur der untersten Saite um vier Halbtöne bis zum C erweitert werden kann. Meist wird die tiefste Saite auf C herunter gestimmt. Manche Spieler verwenden einen fünf-saitigen Kontrabass, dessen 5. Saite die tiefe Lage bis zum Kontra-$H_1$ nach unten erweitert.

| Instrument | Italienische Bezeichnung | Schlüssel | transponierend |
|---|---|---|---|
| Violine | Violino | 𝄞 | nein |
| Bratsche | Viola | 𝄡 (𝄞) | nein |
| Cello | Violoncello | 𝄢, (𝄡 oder 𝄞) | nein |
| Kontrabass | Contrabasso | 𝄢 | ja – klingt eine Oktave tiefer als notiert |

*Streichinstrumente*

---

**Aufführungshinweise und Spieltechniken bei Streichern**

*pizzicato* (oder *pizz.*) mit den Fingern gezupft

*arco* mit dem Bogen gespielt (folgt immer auf eine *pizzicato*-Passage)

*sul G* auf der G-Saite zu spielen, *sul A* – auf der A-Saite zu spielen, etc.

*sul ponticello* am Steg zu spielen

⌒ auf einen Bogenstrich zu spielen (entweder Auf- oder Abstrich)

V  Aufstrich

⊓  Abstrich

*con sordini* (oder *con sord.*) mit Dämpfer

*senza sordini* (oder *senza sord.*) ohne Dämpfer

*Doppelgriff* zwei Saiten werden gleichzeitig gespielt

*col legno* mit umgedrehtem Bogen, also mit dem Holz auf der Saite streichen

*tremolo* rascher Wechsel zwischen Auf- und Abstrich, um einen zitternden Klang zu erzeugen

## Frühe Tasteninstrumente

Die am meisten verbreiteten frühen Tasteninstrumente der Renaissance und des Barock waren das **Cembalo** und das **Clavichord**.

> Das *Fitzwilliam Virginal Book* ist die umfangreichste Sammlung von Stücken für „Clavier" des 16. und 17. Jahrhunderts in England. *Clavier* war der Oberbegriff für die Tasteninstrumente der Zeit: Virginal, Cembalo, Clavichord und Orgel.

### Cembalo

Von vielen Komponisten wurde das Cembalo stark genutzt, z.B. von J. S. Bach, Couperin, Händel und Domenico Scarlatti. Letztere, beide 1685 geboren, komponierten eine Vielzahl von Stücken speziell für Cembalo: Scarlattis Feder entsprangen über 500 Cembalosonaten, Händel schrieb zahlreiche Suiten, Fugen und Variationen.

### Klangerzeugung

- Beim Cembalo wird der Klang durch Zupfen der Saiten erzeugt. Durch Drücken einer Taste der Klaviatur (auch: Manual) wird ein hölzerner ‚Springer' angehoben, an dem ein Kiel befestigt ist, welcher die Saite anreißt.
- Die Dynamik bleibt stets gleich, unabhängig von der Stärke des Tastendrucks.
- Manche Cembali verfügen über mehr als ein Manual.
- Die größten Cembali haben einen Umfang von mehr als fünf Oktaven; die kleinsten von weniger als vier Oktaven.

### Clavichord

Das Clavichord war vom 15. bis 18. Jahrhundert verbreitet. Wegen seines zarten Klangs wurde es überwiegend zu Hause gespielt und als Lehr- und Lerninstrument betrachtet.

### Klangerzeugung

- Beim Clavichord wird der Klang durch Anschlagen der Saiten erzeugt. Wird eine Taste gedrückt, schlagen kleine Metallplättchen, sog. ‚Tangenten', an die Saiten.
- Obwohl es sich um ein vergleichsweise kleines, leises Instrument handelt, kann beim Clavichord durch unterschiedlich starken Anschlag unterschiedliche Dynamik erzielt werden.
- Das Clavichord gibt es in verschiedenen Größen, die meisten Instrumente haben einen Umfang von viereinhalb bis fünf Oktaven.

## Das Klavier

Das Klavier (auch: *Pianoforte*) wurde um 1700 in Italien von dem Instrumentenbauer Bartolomeo Cristofori erfunden und hat seither eine zentrale Stellung im Repertoire westlicher Musik inne. Cristofori nannte sein Instrument in Anlehnung an die Tatsache, dass es, im Gegensatz zum Cembalo, unterschiedliche Dynamik spielen konnte, *gravicembalo col piano e forte*. Klaviere sind unterschiedlich groß und haben einen Tonumfang von bis zu siebeneinhalb Oktaven.

### Klangerzeugung

Beim Klavier wird der Klang durch Anschlagen der Saiten erzeugt. Wird eine Taste gedrückt, so schlägt ein filzüberzogener Hammer auf die Saiten (2-3 Saiten pro Taste); wird sie losgelassen, so senkt sich ein filzerner Dämpfer auf die Saiten, um den Klang zu beenden.

Das Klavier besitzt Pedale, die es dem Spieler ermöglichen, die Klangfarbe zu verändern. Das **Fortepedal** (oder *Haltepedal*, rechts) hebt die Dämpfer an und ermöglicht das Weiterklingen der Saiten, bis es wieder gelöst wird. Das **Pianopedal** (links) wird verwendet, um einen gedämpfteren Klang zu erzeugen. Es erklingt nur eine Saite (*una corda*).

---

**Spielanweisungen für Forte- und Pianopedal**

| | |
|---|---|
| *una corda* Drücken des Pianopedals | 𝕻𝖊𝖉. Drücken des Fortepedals |
| | ✻ Lösen des Fortepedals |
| *tre corde* Lösen des Pianopedals | 𝕻𝖊𝖉.⎯⎯⎯ Drücken/Lösen des Fortepedals |
| *con Ped.* mit Fortepedal zu spielen | |

---

Der amerikanische Komponist John Cage komponierte für ‚präpariertes Klavier': Metall- und Holzstücken werden zwischen die Saiten gelegt, um die Klangfarbe zu verändern.

## Orgel

Die Orgel in ihren vielfältigen Erscheinungsformen wird in der westlichen Musik bereits seit Jahrhunderten verwendet. Die Pfeifenorgel erlangte in Renaissance und Barock große Bekanntheit und wurde von bedeutenden Komponisten – darunter J. S. Bach – regelmäßig eingesetzt.

## Klangerzeugung

Bei der Orgel wird der Klang erzeugt, indem Luft durch Gruppen von Pfeifen (sog. Register) geleitet wird. Die Pfeifenregister (oder ‚Werke') sind unterschiedlich groß, wobei jedes Register eine unterschiedliche Klangfarbe (*timbre*) produziert. Die meisten Orgeln besitzen zwei oder mehr **Manuale** (Tastaturen) sowie ein **Pedal**, eine Tastatur, die mit den Füßen gespielt wird. So ist es dem Spieler möglich, gleichzeitig eine Vielzahl von Tönen und Klangfarben zu produzieren.

- Der Klang einer **Labialpfeife** wird durch das Schwingen der Luftsäule erzeugt (gleiches Prinzip wie bei der Flöte).
- Der Klang einer **Lingualpfeife** (Zungepfeife) wird durch das Schwingen eines Zungenblatts erzeugt (gleiches Prinzip wie bei der Oboe).
- Pfeifenorgeln sind unterschiedlich groß: Eine große moderne Orgel hat drei oder vier Manuale mit je fünf Oktaven und ein Pedal mit zweieinhalb Oktaven.

# Orchesterformen

Es existieren drei Hauptorchesterformen. Das größte mit ca. 100 Mitgliedern ist das **Sinfonieorchester**. Es besteht aus einem breit gefächerten Instrumentarium und ermöglicht die Aufführung aller großen Orchesterwerke ab dem 19. Jahrhundert. Dazu zählt die Beherrschung des symphonischen Repertoires etwa von Brahms und Mahler, aber auch anderes Orchesterrepertoire wie Ouvertüren, Konzerte und sinfonische Dichtungen.

Das **Kammerorchester** hat in der Regel 50 oder weniger Mitglieder und ein kleineres Instrumentarium. Es wird für kleiner besetztes Repertoire verwendet wie die klassischen Sinfonien von Mozart und Haydn oder die barocken Konzerte von J. S. Bach.

Das **Streichorchester** besteht ausschließlich aus Streichern, gelegentlich mit Schlagwerk. Es wird für reine Streichermusik wie etwa Mozarts *Eine kleine Nachtmusik* oder Bartóks *Divertimento für Streichorchester* verwendet.

# Holz- und Blechbläserensembles

Das **sinfonische Blasorchester** besteht aus Holzbläsern, Blechbläsern und Schlaginstrumenten. Sein Repertoire beinhaltet Arrangements von Film- und Orchestermusik, aber auch Originalmusik wie Vaughan Williams *Folk Song Suite*.

Die **Brassband** besteht aus Blechbläsern und Schlaginstrumenten. Ihr breit gefächertes Repertoire umfasst Märsche und Choralmelodien, Arrangements von Film- und Orchestermusik, aber auch Originalwerke. Zu den bekanntesten Komponisten dieses Genres gehören Elgar Howarth, Malcolm Arnold und Harrison Birtwistle.

## Kammermusikensembles

Kammermusik sind Kompositionen für eine kleine Gruppe aus bis zu ca. zehn solistischen Spielern. Jede Stimme ist mit nur einem Musiker besetzt, und es wird ohne Dirigent musiziert. Herkömmliche Kammermusikformen sind Duos (zwei Spieler), Trios, (drei Spieler), Quartette (vier Spieler) und Quintette (fünf Spieler).

> Der Begriff ‚Kammer' (im Sinne von kleinem Zimmer) bezieht sich auf die Tatsache, dass Kammermusik traditionell eher in kleineren Räumen als großen Konzertsälen gespielt wird.

### Trios

Ein Streichertrio besteht aus drei Streichinstrumenten, meist Violine, Viola und Cello. Ein Klaviertrio besteht aus Klavier, Violine und Cello. Beethovens ‚Erzherzog'-Trio op. 97 (1811) ist für Klaviertrio komponiert.

### Quartette und Quintette

Die wichtigste Kammermusikgruppierung ist sicherlich das **Streichquartett**. Es besteht aus zwei Violinen, Viola und Cello. Haydn war der erste bedeutende Komponist, der im 18. Jahrhundert Streichquartette komponierte. Die Popularität dieser Gattung hat dank berühmter Streichquartettwerke von Komponisten wie Mozart, Beethoven und Bartók weiter zugenommen.

> Stockhausens *Helikopter-Streichquartett* (1993) wurde für „vier Streicher, die in vier Helikoptern in der Luft fliegen und spielen" komponiert.

Ein **Streichquintett** besteht aus der Besetzung des Streichquartetts plus einem Zusatzinstrument – Viola, Cello oder Kontrabass. Eines der bekanntesten Streichquintette ist Schuberts großes Streichquintett in C-Dur, D 956 (1828) mit zwei Celli.

Ein **Bläserquintett** besteht aus Flöte, Oboe, Klarinette, Horn und Fagott. Zu den bedeutenden Werken für Bläserquintett zählen Ligetis *Sechs Bagatellen für Bläserquintett* (1953).

## Vokale Ensembles – Chor

Ein **Chor** ist ein aus Sängern bestehendes Ensemble. Manche Chöre sind einer Kirchengemeinde zugeordnet (Kirchenchor), andere treten vorwiegend in Theatern oder Konzerthallen auf. Ein Chor wird in der Regel von einem Dirigenten bzw. Chorleiter geleitet und manchmal von einem Klavier, einer Orgel oder einem Orchester begleitet. Unbegleiteten Chorgesang nennt man ‚a cappella'.

> Die Motette *Spem in Alium* (ca. 1570) von Thomas Tallis umfasst 40 Stimmen für acht fünfstimmige Chöre.

### Klangerzeugung

Der Klang der Gesangsstimme wird durch Luft erzeugt, die von der Lunge ausgestoßen wird und die Stimmbänder in Schwingung versetzt – je höher die Spannung der Stimmbänder, desto höher der Ton. Die Hohlräume in Hals, Mund, Nase und Kopf dienen als Resonanzkörper, um den Klang zu verstärken oder zu färben.

### Chorbesetzungen

- Die häufigste Chorbesetzung ist der **gemischte Chor**, bestehend aus zwei Frauenstimmen (Sopran, Alt) und zwei Männerstimmen (Tenor, Bass). Im gemischten Chor (SATB) ist in der Regel jede Stimme mit mehreren Sängern besetzt.

- Der **Männerchor** besteht aus bis zu vier Männerstimmen (TTBB). Chöre, die aus Knaben- und Männerstimmen bestehen, nennt man **Knabenchor**.

- Der **Frauenchor** setzt sich aus zwei bis vier Frauenstimmen in Sopran- und Altlage zusammen (SA, SSA, SSAA). Wenn auch (oder ausschließlich) Knabenstimmen dabei sind, spricht man von **Oberstimmenchor**.

### Stimmumfang

Im Folgenden die Tonumfänge der Chorstimmen. Auch wenn einige Sänger in der Lage sind, höher oder tiefer als angegeben zu singen, sollte man die extremen Register vermeiden, wenn man für diese Stimmlagen schreibt.

Sopran — Alt — Tenor — Bass

Knabenstimmen in Sopranlage werden als ‚Knabensopran' bezeichnet.

## Chornotation

Es gibt mehrere Möglichkeiten der Notation von Chormusik – je nach Komplexität der Musik und den Beziehungen der einzelnen Stimmen zueinander.

### Chorpartitur

Ist jede Stimme in einem eigenen System notiert, so spricht man von einer Chorpartitur. Die Stimmen werden nach Stimmlagen angeordnet – die höchste oben, die tiefste unten. Der Text wird üblicherweise unter die Noten, die Dynamik und weitere Angaben über die Noten gesetzt:

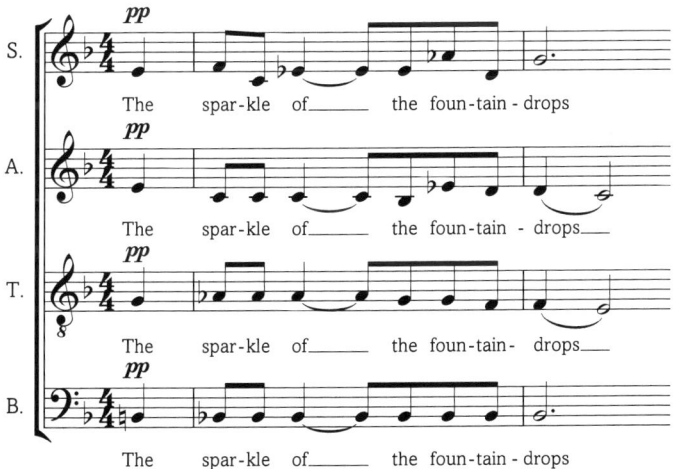

*Auszug aus* Dream tryst *(1902) von Gustav Holst*

Eine Chorpartitur ist vor allem bei polyphoner Musik (vgl. Seite 61) sinnvoll, in der jede Stimme einen eigenständigen Rhythmus hat.

Bei der Chorpartitur wird die Tenorstimme im Violinschlüssel notiert, da der Tonumfang hier besser darstellbar ist. Sie klingt jedoch eine Oktave tiefer als notiert. Das wird durch eine dem Violinschlüssel hinzugefügte ‚8' kenntlich gemacht:

## Chorparticell

Befindet sich mehr als eine Stimme in einem Notensystem, spricht man von einem Chorparticell. Die Stimmen sind nach Tonhöhe angeordnet wie in der Chorpartitur. Beim Chorparticell wird der Text für alle Stimmen gemeinsam zwischen den Systemen notiert, manchmal auch unter jedem System. Dynamik wird jeweils über und unter der Akkolade notiert.

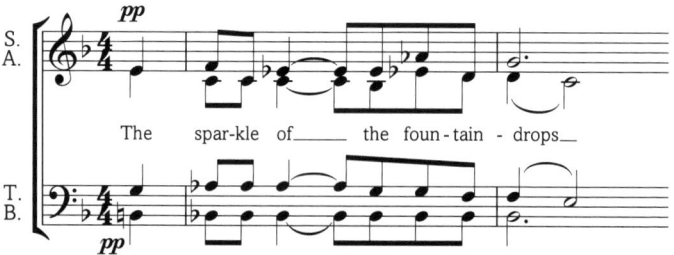

*Auszug aus* Dream tryst *(1902) von Gustav Holst*

> Ein Chorparticell wird verwendet, wenn alle Stimmen denselben Text mit gleicher Silbenaufteilung im selben Rhythmus singen.

Da die Tenorstimme hier im selben System notiert ist wie der Bass, wird für beide der Bassschlüssel verwendet, d.h. die Tenorstimme entspricht der klingenden Tonhöhe.

> **Theorie in der Praxis: Notation im Chorparticell**
> - Sopran- und Tenorstimme werden immer nach oben, Alt- und Bassstimme nach unten gehalst.
> - Singen beide Stimmen eines Systems gleichzeitig eine ganze Note der gleichen Tonhöhe, so werden zwei nebeneinander liegende ganze Noten notiert.
> - Benötigen zwei Stimmen innerhalb eines Systems das gleiche Vorzeichen, so sollte für jede Stimme ein eigenes Vorzeichen gesetzt werden. Bei obigem Beispiel wird innerhalb eines Taktes zweimal ein b für ein *es* notiert; zuerst im Sopran auf den zweiten Schlag, dann im Alt auf den vierten Schlag.

# Rhythmus, Melodie und Text

„Die früheste Form melodischer Musik ist der Gesang: Für die meisten war vermutlich ein Wiegenlied die erste musikalische Erfahrung. Alle Worte besitzen Rhythmus, was den Übergang vom Sprechen zum Singen ganz natürlich macht. Wenn man einen Tag lang alles singt, was man normalerweise sagen würde, erlangt man schnell ein Gefühl für die richtige Textvertonung."

*Paul Harris*

## Phrasen und Aufbau

Ganz allgemein gesprochen hängt der Aufbau eines Musikstücks von der Balance zwischen Wiederholung und Kontrast ab – dieses Prinzip ist auch für die Konstruktion einer **Phrase** wichtig. Phrasen sind die melodischen oder rhythmischen Abschnitte, die miteinander kombiniert die Basis musikalischer Werke bilden. Sie bestehen üblicherweise aus einer geraden Taktzahl (meist zwei, vier oder acht Takte); Phrasen mit ungeraden Takten kommen eher selten vor.

> Bis ins 20. Jahrhundert bildeten symmetrische Viertaktphrasen, bei denen das zweite Taktpaar dem ersten ‚antwortet', die Grundlage der westlichen klassischen Musik.

## Rhythmische Ideen entwickeln

Für die Entwicklung und Konstruktion von Phrasen gibt es einige rhythmische Möglichkeiten: Wiederholung, Variation und Kontrast. In seinem Klavierstück *The King's Hunt* verwendet John Bull denselben Rhythmus in den Takten 2 und 3 seiner Viertaktphrase:

*Auszug aus* The King's Hunt *von John Bull (1562–1628)*

In *Buffons* für Renaissancegitarre verwendet der Komponist Guillaume de Morlaye denselben Rhythmus in den Takten 2 und 4:

*Auszug aus* Buffons *(1532) von Guillaume de Morlaye (ca. 1510–1558)*

Außerdem finden sich zahlreiche Beispiele für die Wiederholung des Rhythmus der ersten beiden Takte in den folgenden Beispielen:

**Allegro leggierissimo**

*Auszug aus dem Oktett in Es-Dur op. 20, Nr. III (1825) von F. Mendelssohn*

Oder es wird für jeden Takt der Phrase ein anderer Rhythmus verwendet:

**Allegro**

*Auszug aus der* Londoner Sinfonie (Nr. 104,1) *(1795) von J. Haydn*

---

### Theorie in der Praxis: Phrasen ‚beantworten'

Auf eine Eröffnungsphrase folgt immer eine **Antwortphrase** als musikalische Fortführung oder ‚Antwort'. Normalerweise ähneln sie sich in vielen Aspekten, sind jedoch selten identisch.

Beim Schreiben einer eigenen Antwortphrase sind folgende Richtlinien hilfreich:

- Die Antwortphrase muss die gleiche Länge wie die Eröffnungsphrase haben.
- Es hilft, den Rhythmus der Eröffnungsphrase zu klopfen oder ihn sich vorzustellen.
- Es darf durchaus Material der Eröffnungsphrase übernommen werden: Die Antwortphrase sollte spannend gestaltet, aber auch in irgendeiner Form verwandt sein.
- Das Tempo hilft bei der Entscheidung: Zu viele kurze Noten bei schnellem Tempo und zu viele lange Noten bei langsamem Tempo sollten vermieden werden.
- Die Phrase sollte auf einer längeren Note enden (eine kurze Note hat wenig Schlusswirkung).
- Bei der Notierung der Phrase müssen die Noten korrekt gruppiert werden (vgl. Seite 9).

## Der Auftakt

Beginnt eine Phrase auf einer unbetonten Zählzeit, so nennt man das **Auftakt**. Ein Auftakt kann sowohl aus einer einzelnen Note als auch aus einer Notengruppe bestehen und kann auf jeder unbetonten Zählzeit eines Taktes beginnen.

Phrasen, die mit einem Auftakt beginnen, enden immer mit einem unvollständigen Takt: Der Auftakt und der unvollständige Schlusstakt ergeben zusammen einen vollständigen Takt. Also endet eine viertaktige Phrase im $\frac{4}{4}$-Takt, die mit einem Auftakt auf den vierten Schlag beginnt mit dem dritten Schlag des Schlusstaktes. Ebenso verhält es sich beim $\frac{3}{4}$-Takt; beginnt die Phrase mit einem Auftakt auf den dritten Schlag, so endet sie im vierten Takt mit dem zweiten Schlag.

*Auszug aus der Ouvertüre des* Tannhäuser *(1845) von R. Wagner*

*Auszug aus dem Concerto grosso in B-Dur op. 6, Nr. 11 (VI, Gigue) (1714) von A. Corelli*

## Rhythmische Transformation

Der Begriff **rhythmische Transformation** bezieht sich auf die Möglichkeiten, kurze rhythmisch-melodische musikalische Passagen zu modifizieren, indem nur kleine rhythmische Veränderungen vorgenommen werden. Es folgt ein Beispiel für einen einfachen eintaktigen Rhythmus:

Dieser Rhythmus kann auf vielerlei Arten verändert werden:

*Indem große Notenwerte in kleinere Notenwerte unterteilt werden:*

*Indem einige Noten durch Pausen ersetzt werden:*

*Indem Synkopen hinzugefügt werden:*

*Indem alle Notenwerte verdoppelt werden (Augmentation):*

*Indem alle Notenwerte halbiert werden (Diminution):*

### Theorie in der Praxis: Wie schreibt man viertaktige Rhythmen

Es gibt viele Möglichkeiten, einen viertaktigen Rhythmus zu schreiben, man sollte nur auf die Balance zwischen Wiederholung und Kontrast achten. Hier ein paar Tipps für den Anfang:

#### Ein- und zweitaktige Rhythmen

Schreibe den Rhythmus eines oder mehrerer Wörter auf – Deinen Namen, Deine Heimatstadt, Dein Lieblingsessen:

**Theorie in der Praxis** *(Fortsetzung)*

Alternativ können auch bekannte Tanzrhythmen verwendet werden:

*Eigene Rhythmen erfinden*

Hast Du Dich für einen Rhythmus entschieden, muss er erweitert werden, bis vier Takte der gewählten Taktart gefüllt sind. Hier gibt es mehrere Möglichkeiten:

1. Wiederhole den Rhythmus.

2. Verwende den Rhythmus als Eröffnung und ändere ihn dann leicht ab.

3. Erfinde einen völlig neuen, eingeständigen Rhythmus.

Zu Option 2 gibt es viele verschiedene Möglichkeiten (vgl. Seite 94, *Rhythmische Transformationen*).

# Melodische Ideen entwickeln

Melodische Ideen sollten auf die gleiche Weise wie rhythmische Ideen entwickelt werden – durch eine Kombination aus Wiederholung, Variation und Kontrast. Wie bei der rhythmischen Transformation (siehe oben) gibt es auch hier zahlreiche Möglichkeiten, eine Melodie zu variieren. Anhand von Paganinis *Caprice Nr. 24* (1819) für Violine lassen sich einige Techniken zur Entwicklung melodischer Ideen veranschaulichen; viele Komponisten haben Variationen über dieses Thema komponiert. Das Beispiel zeigt die Eröffnungsmelodie:

Es gibt folgende Möglichkeiten der melodischen Variation:

**Sequenzen verwenden**: Gemeint ist die mehr oder weniger exakte Wiederholung einer Melodie auf einer anderen, höheren oder tieferen, Tonhöhe. Paganini verwendet gegen Ende seines Themas eine Sequenz.

**Ausschmücken oder Verzieren**: Im folgenden Beispiel wird der erste Schlag mit einer Triole (vgl. Seite 15) ausgeschmückt. Auch andere Verzierungen wie Doppelschläge oder Mordente sind zur Veränderung einer Melodie geeignet (vgl. Seite 101).

**Intervalle vergrößern oder verkleinern**: Das Intervall zwischen den ersten beiden Tönen wird zu einer Oktave vergrößert.

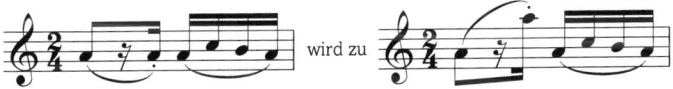

**Umkehrung**: Der Melodieverlauf wird einfach gespiegelt. In der Variation XVIII seiner Rhapsodie über ein Thema von Paganini (1934) verwendet Rachmaninow einen Teil der Melodie für eine Umkehrung:

**Krebs**: Der Melodieverlauf wird von hinten nach vorne gespielt. Der erste Takt von Paganinis Thema würde dann so aussehen:

> Notiert man eine Melodie rückwärts und in der Umkehrung, spricht man von Krebs-Umkehrung.

> **Theorie in der Praxis: Wie schreibt man Melodien**
>
> *Eigene Melodien entwickeln*
> Die Gestalt oder Kontur einer Melodie hängt von der Richtung ab, in die sich die Töne bewegen. Eine gute Melodie sollte sinnvoll aufgebaut und gut ausbalanciert sein und vom ausführenden Instrument angenehm zu spielen sein.
>
> - Definiere den Tonumfang: Wird für ein bestimmtes Instrument oder eine Stimme komponiert, sollte der jeweilige Tonumfang beachtet und extreme Höhen oder Tiefen vermieden werden (vgl. Seite 76).
> - Aufbau, Länge und Rhythmus der Phrasen müssen gut durchdacht sein.
> - Achte darauf, dass Auf- und Abwärtsbewegungen der Melodie ausgewogen sind.
> - Gib dem Melodieverlauf eine Richtung oder eine Ziel, zum Beispiel könnte im Verlauf einer Phrase der höchste Ton als eine Art Höhepunkt erreicht werden.
> - Beende die Melodie mit dem Grundton oder einem Ton des Tonika-Dreiklangs. Nur so erscheint die Melodie vollständig abgeschlossen.
> - Vergiss nicht die Tempoangabe (und Metronomangabe) am Anfang.
> - Auch Dynamik und Artikulation dürfen bei der Gestaltung nicht fehlen.
> - Zum Schluss ergänze die Phrasierungszeichen.
>
> *Eigene Melodien weiterführen*
> Ist die Melodie erst aufgeschrieben, gibt es mehrere Möglichkeiten, sie zu erweitern oder weiterzuentwickeln (vgl. *Melodische Ideen entwickeln*).

# Textvertonung

Die Art und Weise, wie Worte vertont werden, ist entscheidend für eine wirkungsvolle Vokalmusik. Die Texte stammen aus bestimmten Quellen, z.B. Lyrik, oder werden speziell für die Musik geschrieben.

## Rhythmus und Metrum

Jeder Text verfügt über einen eigenen Rhythmus und ein Metrum, wobei einige Worte mehr betont werden müssen als andere. Wird Musik mit einem Text unterlegt, so ist darauf zu achten, dass Taktart und Rhythmus zum natürlichen Fluss der Worte passen. Ebenso muss das Tempo der Musik der Bedeutung und dem Redefluss entsprechen.

## Syllabische und melismatische Textvertonung

Man unterscheidet zwei Möglichkeiten der Textvertonung: die **syllabische** (eine Note pro Silbe) und die **melismatische** (eine Notengruppe pro Silbe):

### *Syllabisch*

*Auszug aus* Die Forelle *(1817) von F. Schubert*

### *Melismatisch*

Wird eine Gruppe von Noten auf nur eine Textsilbe gesungen, sprechen wir von **Melisma**. Melismen werden verwendet, um bestimmte Worte besonders hervorzuheben. Sie begegnen häufig an emotionalen Stellen von Opernarien.

> Wenn eine ganze Notengruppe auf eine Silbe gesungen wird, notiert man nach der Silbe eine lange Linie (Haltelinie) bis zum Ende der letzten Note des Melismas.

### Wortausdeutung

Ein häufig von Komponisten verwendetes Stilmittel ist die **Wortausdeutung**, d.h. die *Bedeutung* der Worte wird mit musikalischen Mitteln abgebildet. In diesem Abschnitt aus Schuberts *Forelle* werden Sechzehntelnoten zur Darstellung der Wellen des Baches verwendet:

*Auszug aus* Die Forelle *(1817) von F. Schubert*

> Traditionell wurde in der Vokalmusik für jede Textsilbe eine separat gehalste Note verwendet. Heutzutage wird die Notation jedoch meist an die gängigen Notationsregeln angepasst.

### Theorie in der Praxis: Textvertonung

Beim Vertonen eines Textes muss dessen Stimmung und Bedeutung genau wiedergegeben werden. Jeder melodische Aspekt muss zu den unterlegten Worten passen; das betrifft sowohl Tempo, Metrum und Rhythmus als auch Tonalität, Melodie und Dynamik.

Hier ein paar hilfreiche Tipps zur eigenen Textvertonung:

- Lies den Text laut vor. Aus der Wortbetonung ergeben sich bereits Taktart (zweier, dreier oder vierer) und einzelne Rhythmen (betonte und unbetonte Zählzeiten).

- Behalte den Sprechrhythmus des Textes im Kopf und markiere die betonten Silben und Worte. Das hilft bei der Verteilung des Textes auf betonte und unbetonte Zählzeiten und bei der Wahl der passenden Taktart.

    In **ein**em **Bäch**lein **hel**le
    da **schoss** in **fro**her **Eil**

    Allgemein gesprochen sollten Betonungen eher auf den wichtigeren Worten (wie ‚Bächlein' und ‚helle') als auf den unwichtigen (wie ‚in' und ‚da') liegen.

- Wähle ein oder zwei Worte aus, die Dir am wichtigsten erscheinen, und lege fest, wie man sie besonders hervorheben könnte (sie sollten auf jeden Fall auf eine betonte Zählzeit fallen). Du könntest zum Beispiel:
    - die Melodie so gestalten, dass der Höhepunkt auf das entsprechende Wort fällt.
    - ein Melisma auf dem Wort verwenden, vor allem, wenn es besonders ausdrucksvoll oder emotional ist.
    - das Wort mit Rhythmus, Dynamik und Artikulation besonders hervorheben.

- Bei der Notation des Gesangstextes muss darauf geachtet werden, dass jede Silbe direkt unter der entsprechenden Note steht und zwischen den Silben eines mehrsilbigen Wortes Silbenstriche gesetzt werden.

# Verzierungen

„Einfache und klare Melodien können reizvoll sein. Verziert man eine Melodie, so verleiht man ihr eine gewisse Kultiviertheit. Im Barockzeitalter gehörte das zum Standard: Eine Melodie wurde während des vokalen oder instrumentalen Vortrags direkt vom Ausführenden mit passenden zusätzlichen Noten ausgeschmückt. Jazzmusiker spielen heutzutage nach dem gleichen Prinzip: Sie würden – wie die Barockmusiker – die Verzierungen improvisieren. Dennoch sollte man die klassischen Verzierungen kennen, die Auseinandersetzung mit den gängigen Formen und Ausprägungen eröffnet eine bunte Welt voller Eleganz und Stil."

*Paul Harris*

# Einführung in die Verzierungen

Bei Verzierungen handelt es sich um zusätzliche Noten, die eine Melodie ausschmücken. Die Kunst des Verzierens erlangte zwischen dem 16. und 19. Jahrhundert ihren Höhepunkt und galt als wichtiger Bestandteil der Aufführungspraxis.

Während des 16. Jahrhunderts wurde das Verzieren ganz dem improvisatorischen Geschick des Ausführenden überlassen und hauptsächlich dazu verwendet, Wiederholungen – ganzer Teile oder kürzerer Passagen – zu variieren. Im 17. und 18. Jahrhundert begann man, den Notentext mit genaueren Angaben zu versehen. Ab dem 19. Jahrhundert wurden die Verzierungen von den Komponisten meist ausgeschrieben. Ausführung und Interpretation unterscheiden sich je nach Epoche und Tempo. Durch die Jahrhunderte oder innerhalb eines Landes hat sich keine einheitliche Praxis durchgesetzt.

Verzierungen werden in der Regel durch kleinere Noten (auch bekannt als **Verzierungsnoten**) oder spezielle Symbole angezeigt. Die häufigsten Verzierungen sind Triller, Doppelschlag, Pralltriller, langer Vorschlag und kurzer Vorschlag.

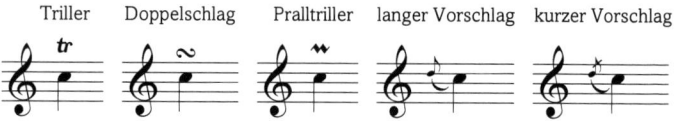

# Der Triller

Beim Triller handelt es sich um einen schnellen Wechsel zwischen der Hauptnote und der einen Halb- oder Ganzton höher liegenden Nebennote. Er tritt häufig bei Kadenzen auf. Die Dauer des Trillers kann durch eine Wellenlinie angezeigt werden.

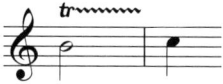

Die Wahl der Geschwindigkeit des Notenwechsels liegt beim Ausführenden und hängt vom Tempo der Musik ab.

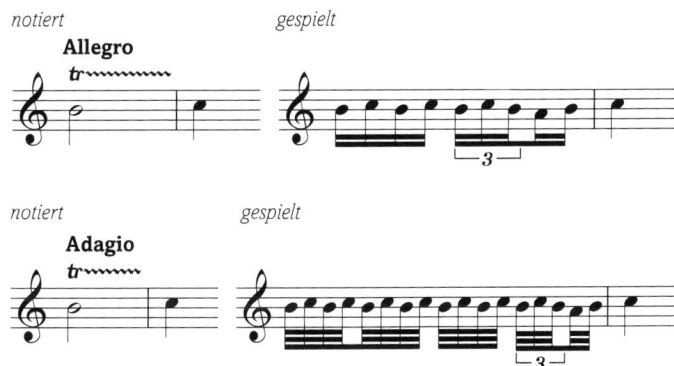

## Abschlüsse

Für den Abschluss eines Trillers gibt es, je nach musikalischem Kontext, unterschiedliche Möglichkeiten. Meistens wird ein Triller mit einem Nachschlag – der *unteren* Nebennote der Hauptnote vor der folgenden Hauptnote – beendet. Dies wird manchmal durch Abbreviaturen angezeigt, wird aber häufig auch ohne Abbreviaturen ausgeführt.

## Eingänge

Wie bei den Abschlüssen gibt es auch für den Anfang eines Trillers, abhängig vom musikalischen Kontext, unterschiedliche Möglichkeiten. Ein moderner Triller (seit 1830) beginnt mit der Hauptnote:

*notiert*

*gespielt*

Bei älterer Musik (einschließlich der Kompositionen Bachs, Händels und Mozarts) beginnt der Triller mit der oberen Nebennote:

*notiert*

*gespielt*

Ein Triller auf einer wiederholten Note beginnt immer mit der oberen Note:

*notiert*          *gespielt*

## Vorzeichen

Über den Trillern können Vorzeichen gesetzt werden, um eine chromatische Modulation anzuzeigen:

*notiert*          *gespielt*

# Der Doppelschlag

Beim Doppelschlag handelt es sich um eine Verzierungsart, die vornehmlich zwischen dem 17. und 19. Jahrhundert auftritt. Er besteht aus vier Tönen in der Abfolge: obere Nebennote, Hauptnote, untere Nebennote, Hauptnote:

Generell sollte der Doppelschlag eher rasch ausgeführt werden, wenngleich die Notenwerte vom Tempo der Musik und der Position des Verzierungszeichens abhängen:

Der Doppelschlag wird *nach* oder *anstelle* der eigentlichen Note gespielt, je nachdem, ob das Verzierungszeichen direkt über oder nach der Note steht. Ist das Zeichen nach der Note platziert, so ist es hilfreich, den Doppelschlag als Überleitung zur nächsten Note zu verstehen.

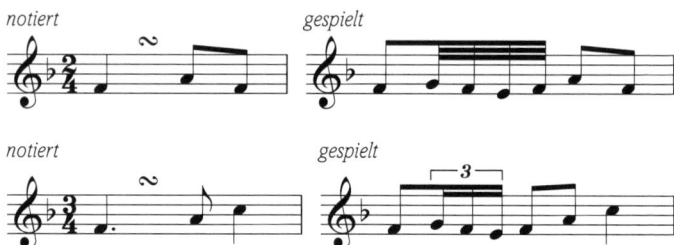

Ein **umgekehrter Doppelschlag** besteht aus denselben Tönen wie der Doppelschlag, aber in gegenläufiger Richtung: untere Nebennote, Hauptnote, obere Nebennote, Hauptnote. Es werden zwei Zeichen verwendet: ∾ oder ∽.

Vorzeichen können über oder unter dem Zeichen platziert werden.

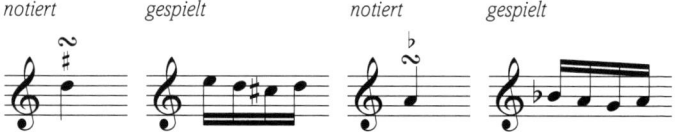

## Pralltriller und Mordent

Pralltriller und Mordent beschreiben dieselbe Verzierung, nur die Richtung ist unterschiedlich.

Der **Pralltriller** besteht aus Hauptnote, *oberer* Nebennote und Hauptnote und wird in möglichst rascher Abfolge innerhalb der Dauer der Hauptnote gespielt:

Der **Mordent** besteht aus Hauptnote, *unterer* Nebennote und Hauptnote und wird ebenfalls in möglichst rascher Abfolge innerhalb der Dauer der Hauptnote gespielt:

Das Intervall zwischen Hauptnote und oberer bzw. unterer Nebennote ist meist ein Halbton. Manchmal befindet sich ein die Nebennote betreffendes Vorzeichen über einem Pralltriller oder unter einem Mordent:

## Der lange Vorschlag

Beim langen Vorschlag (*Appogiatura*) handelt es sich um eine Verzierungsnote, die als eine Art Vorhalt fungiert. Die Vorschlagsnote ist eine Dissonanz und verkürzt die Dauer der Hauptnote; melodisch betrachtet ist sie ebenso wichtig wie die Hauptnote. Normalerweise liegt der lange Vorschlag einen Ganzton oder Halbton über oder unter der Hauptnote.

Der lange Vorschlag wird durch eine kleine Note (meist eine Achtel) angezeigt, wobei dieser Notenwert nicht der tatsächlichen Dauer des Vorschlags entsprechen muss. Generell beträgt die Länge des langen Vorschlags die Hälfte der Länge der Hauptnote (oder zwei Drittel derselben, wenn es sich um eine punktierte Note handelt).

## Der kurze Vorschlag

Der kurze Vorschlag (*Acciaccatura*) wird mit einer kleinen durchgestrichenen Note dargestellt: ♪. Im Gegensatz zum langen Vorschlag verbleibt der Hauptanteil des Notenwertes und damit auch der Schwerpunkt bei der Hauptnote. Für den kurzen Vorschlag ist keine eigenständige Dauer vorgesehen, er wird unmittelbar vor dem Erklingen der Hauptnote so kurz wie möglich ‚eingeworfen'. Er liegt in der Regel einen Ganzton oder Halbton über der Hauptnote.

*notiert*      *gespielt*

## Arpeggieren

Beim Arpeggieren erklingen die Töne eines Akkords nicht gleichzeitig, sondern nacheinander: Alle Töne werden in möglichst schneller Folge angeschlagen, in der Regel von unten nach oben, und bis zum Ende der Akkorddauer ausgehalten. Arpeggien werden durch eine geschlängelte Line ⦃ angegeben. Sie werden auch als ‚gebrochene Akkorde' bezeichnet.

Der Akkord kann sich über ein oder zwei Systeme erstrecken:

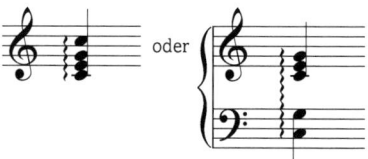

Soll ein Arpeggio von oben nach unten gespielt werden, wird das Zeichen mit einem entsprechenden Pfeil versehen:

# Begriffe und Zeichen

„'Folgen sie der Beschilderung zu den Geschäften',
‚Rechts abbiegen verboten', ‚Ein Mausklick, und ihre
Nachricht wird abgeschickt' ... Die Welt ist voller
Fachbegriffe und Zeichen. Wir müssen ihre Bedeutung
kennen, sonst wird das Gewünschte nicht eintreten
(oder wir gelangen an den falschen Ort!). Musikalische
Fachbegriffe und Zeichen sind nützliche Abkürzungen
bei der Übermittlung von Informationen. Vieles kann mit
einem Wort oder einem Symbol vermittelt werden. *V.S.
attacca subito* ..."

*Paul Harris*

## Tempoangaben

Tempobezeichnungen geben die Geschwindigkeit an, in der ein Stück oder ein Abschnitt gespielt werden sollen. Dies kann mit Worten (z.B. **Allegro**) und/oder Metronomangaben (z.B. ♩=120) angezeigt werden.

Ein **Metronom** ist ein Gerät, das die Geschwindigkeit mittels der Anzahl regelmäßiger Schläge pro Minute misst. So können Spieler das vorgesehene Tempo exakt wiedergeben.

♩ = 60 bedeutet 60 Viertelschläge pro Minute.

♩. = 54 bedeutet 54 punktierte Viertelschläge pro Minute.

> Im Jahre 1815 erhielt Johann Nepomuk Mälzel das Patent auf das Metronom.

**Tempobezeichnungen** geben Auskunft über das Tempo und manchmal auch über den Charakter der Musik. Sie werden normalerweise auf Italienisch angegeben, obwohl sie auch in Französisch, Englisch oder der Muttersprache des jeweiligen Komponisten stehen könnten.

| Italienische Bezeichnung | Bedeutung |
|---|---|
| *adagio* | langsam |
| *adagietto* | recht langsam |
| *allegro* | schnell |
| *allegretto* | recht schnell, aber nicht so schnell wie Allegro |
| *allegro assai* | recht schnell |
| *allegro ma non troppo* | schnell, aber nicht allzu schnell |
| *allegro moderato* | mäßig bewegt |
| *andante* | gehend, mäßig langsam |
| *grave* | sehr langsam, schwer |
| *largo* | breit und langsam |
| *larghetto* | etwas breit |
| *largamente* | breit |
| *lento* | langsam |
| *moderato* | mit moderatem Tempo |
| *presto* | sehr schnell |
| *prestissimo* | äußerst schnell |
| *vivace, vivo* | lebhaft, flott |

Ein vollständiges Glossar italienischer Begriffe und Zeichen findet sich auf Seite 130 ff.

## Tempowechsel

Manchmal möchten Komponisten das Tempo während eines Abschnitts beschleunigen oder verlangsamen.

| Italienische Bezeichnung | Bedeutung |
|---|---|
| *a tempo* | zurück zum Anfangstempo |
| *accelerando* | allmählich schneller werden |
| *allargando* | breiter (ein bisschen langsamer) werden |
| *rallentando* (oder *rall.*) | allmählich langsamer werden |
| *ritardando* (oder *ritard.* bzw. *rit.*) | allmählich langsamer werden |
| *ritenuto* (oder *rit.*) | zurückhalten |
| *stringendo* | allmählich schneller werden |
| *tempo primo* | zurück zum Anfangstempo |
| *tempo giusto* | angemessenes Zeitmaß |

## Dynamische Zeichen

Mit dem Begriff ‚Dynamik' werden die unterschiedlichen Lautstärkegrade während des Musizierens beschrieben. Die italienischen Standardbezeichnungen werden meist abgekürzt, um Platz in den Noten zu sparen.

| Abkürzung/Zeichen | Italienischer Begriff | Bedeutung |
|---|---|---|
| *mf* | *mezzo forte* | halblaut |
| *f* | *forte* | laut |
| *ff* | *fortissimo* | sehr laut |
| *mp* | *mezzo piano* | halbleise |
| *p* | *piano* | leise |
| *pp* | *pianissimo* | sehr leise |
| cresc. | *crescendo* | lauter werden |
| decresc. | *decrescendo* | leiser werden |
| dim. | *diminuendo* | leiser werden |
| &lt; | *crescendo* | lauter werden |
| &gt; | *diminuendo* | leiser werden |

> Diese Zeichen &lt; &gt; werden auch ‚Gabeln' genannt.

## Präzisierungen

Tempobezeichnungen und Dynamik können durch Hinzufügen folgender Bezeichnungen präzisiert werden:

| Italienischer Begriff | Bedeutung | Beispiel |
|---|---|---|
| *meno* | weniger | *meno mosso* (weniger bewegt, langsamer) |
| *molto* | sehr, viel | *cresc. molto* (viel lauter werden) |
| *più* | mehr | *più mosso* (mehr Bewegung, schneller) |
| *poco a poco* | allmählich | *poco a poco cresc.* (allmählich lauter werden) |
| *sempre* | immer | *sempre forte* (immer laut) |
| *subito* (oder *sub.*) | plötzlich | *subito **pp*** (plötzlich sehr leise) |

## Weitere Vortragsbezeichnungen

Neben Bezeichnungen zu Tempo und Lautstärke gibt es weitere Begriffe, die sich mehr auf Charakter, Stimmung oder Stil des musikalischen Vortrags beziehen:

| Italienischer Begriff | Bedeutung | Italienischer Begriff | Bedeutung |
|---|---|---|---|
| *affettuoso* | leidenschaftlich, mit Gefühl | *giocoso* | heiter |
| | | *grazioso* | anmutig |
| *appassionato* | hingebungsvoll, mit Gefühl | *legato* | gebunden |
| | | *maestoso* | erhaben |
| *agitato* | lebhaft | *marcato* | markiert |
| *amoroso* | lieblich, zart | *marziale* | kriegerisch |
| *animato* | belebt, lebendig | *pesante* | schwerfällig |
| *cantabile* | singend | *ritmico* | rhythmisch |
| *con forza* | mit Kraft | *scherzando* | spielerisch |
| *con fuoco* | mit Feuer | *semplice* | einfach, schlicht |
| *delicato* | feinfühlig | *tranquillo* | ruhig |
| *energico* | energisch | *triste* | traurig |
| *espressivo* | ausdrucksvoll | | |

# Artikulationszeichen

Bindebögen ( ⌒ oder ‿ ) werden dazu verwendet, zwei oder mehrere aufeinanderfolgende Töne miteinander zu verbinden. Mit Bindebogen versehene Töne müssen *legato* (d.h. gebunden, ohne abzusetzen) gespielt werden. Die Bögen werden unter oder über den entsprechenden Noten gesetzt. Im folgenden Beispiel werden jeweils aufeinanderfolgende Achtel oder Viertel aneinandergebunden und müssen daher *legato* gespielt werden:

*Auszug aus der Sinfonie Nr. 40 in g-Moll (I) (1788) von Mozart*

Melodische Untereinheiten werden als **Phrasen** bezeichnet (vgl. Seite 92) und gelegentlich durch Phrasierungsbögen kenntlich gemacht. Töne, die durch einen **Phrasierungsbogen** zusammengefasst sind, sollten einheitlich und gebunden gespielt werden. Das folgende Beispiel zeigt eine achttaktige Melodie, die aus vier zweitaktigen Phrasen besteht:

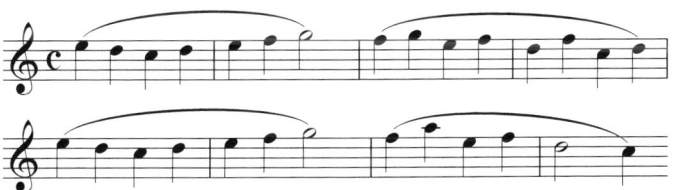

*Auszug aus dem ‚Trällerliedchen' aus dem* Album für die Jugend *(1884) von R. Schumann*

Punkte über oder unter den Noten zeigen an, dass diese ***staccato*** gespielt werden sollen – kurz, leicht und abgesetzt:

*Auszug aus ‚Tanz der Zuckerfee' aus der* Nussknacker-Suite *op. 71a (1892) von P. I. Tschaikowsky*

Waagrechte Striche über oder unter den Noten zeigen an, dass diese **tenuto** gespielt werden sollen – leicht betont, aber ohne den Ton zu kürzen:

*Auszug aus der ‚Promenade' aus* Bilder einer Ausstellung *(1874) von M. Mussorgsky*

**Akzentuierte Töne** werden durch eine Pfeilspitze (>) über oder unter der Note gekennzeichnet. Sie werden betont und kurz gespielt:

*Auszug aus der* Akademischen Festouvertüre *op. 80 (1881) von J. Brahms*

## Die Fermate

Die **Fermate** (⌒) über oder unter einer Note oder Pause bedeutet, dass deren Dauer verlängert wird. Die genaue Länge liegt im Ermessen des Musikers oder Dirigenten:

*Anfang der 5. Sinfonie (I) (1808) von L. van Beethoven*

**G.P.** ist die Abkürzung für ‚**Generalpause**' und bedeutet, dass alle Ausführenden für die Dauer von normalerweise einem oder zwei Takten pausieren. Haydn verwendet in seinem ‚Scherz'-Quartett mehrere Generalpausen, die beim Zuhörer jedesmal den Eindruck erwecken, das Stück sei zu Ende.

*Auszug aus dem ‚Scherz'-Quartett op. 33, Nr. 2 (1781) von J. Haydn*

Wenn *über* den Noten die Abkürzung **8va** oder **8** steht, muss die Passage eine Oktave höher als notiert gespielt werden. Dadurch werden Hilfslinien vermieden und eine bessere Lesbarkeit erreicht. Tschaikowskys *Tanz der Zuckerfee* ist mit Oktavzeichen notiert:

> Die gestrichelte Linie zeigt die Länge der zu oktavierenden Passage an.

Dementsprechend muss eine Oktave tiefer als notiert gespielt werden, wenn *unter* den Noten die Abkürzung **8va** oder **8vb** (*octava bassa*) steht.

## Wiederholungszeichen: Abschnittswiederholung

Wird ein ganzer Abschnitt wiederholt, so ist es einfacher, Wiederholungszeichen ( ‖: :‖ ) zu setzen, als die gleichen Noten nochmals aufzuschreiben. Wiederholungszeichen werden jeweils an den Anfang und den Schluss des zu wiederholenden Abschnitts gesetzt:

> Beginnt die Wiederholung mit dem Anfang eines Stückes, ist das erste Wiederholungszeichen nicht notwendig.

Wird ein Abschnitt zweimal gespielt, jedoch beim zweiten Mal mit einem anderen Schluss, so werden **Voltenklammern** oder **Häuser** verwendet.

Beim ersten Mal werden die Noten der ersten Klammer ⌐1.⌐ gespielt, bei der Wiederholung werden stattdessen die Noten der zweiten Klammer ⌐2.⌐ gespielt. So würde der ausgeschriebene Abschnitt aussehen:

> Voltenklammern oder Häuser können länger als ein Takt und auch unterschiedlich lang sein. Gelegentlich kommen auch mehr als zwei Schlüsse vor.

## *Da Capo-* und *Dal Segno-*Wiederholungen

**Da Capo al Fine** (**D.C. al Fine**) weist dazu an, von vorne zu wiederholen und das Stück bei ‚Fine' zu beenden.

**Da Capo al Coda** (**D.C. al Coda**) weist dazu an, von vorne zu wiederholen und das Stück mit dem Spielen der **Coda** (Schlussteil eines Satzes oder Stückes) zu beenden.

**Dal Segno al Fine** (**D.S. al Fine**) weist dazu an, das Stück ab dem 𝄋-Zeichen zu wiederholen und bei ‚Fine' zu beenden.

**Dal Segno al Coda** (**D.S. al Coda**) weist dazu an, ab dem 𝄋-Zeichen zu wiederholen und mit dem Spielen der **Coda** zu beenden.

*Passage mit 𝄋-Symbol*

> Werden Dal-Segno-Wiederholungen verwendet, muss man sich die Position des 𝄋 Zeichens vorher gut einprägen.

# Wiederholung ganzer Takte

Das Zeichen ✗ bedeutet die Wiederholung des letzten Taktes:

Das Zeichen ※ bedeutet die Wiederholung der letzten beiden Takte:

Ähnliche Zeichen können für die Wiederholung beliebig vieler Takte verwendet werden.

# Wiederholung von ♪, ♪ und ♪

Ein Balken durch einen Notenhals, bzw. über oder unter einer ganzen Note gibt vor, den gesamten Notenwert in Achteln zu spielen:

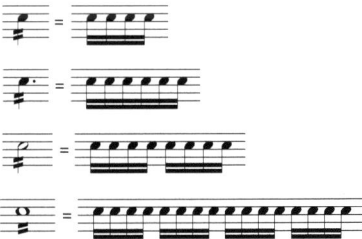

Zwei Balken durch einen Notenhals geben vor, den gesamten Notenwert in Sechzehnteln zu spielen:

Dementsprechend bedeuten drei Balken, den gesamten Notenwert in Zweiunddreißigsteln zu spielen.

## Wiederholung von Notenpaaren

Wechselnotenmotive können verkürzt dargestellt werden, indem man zwischen die zusammen gebalkten Noten einen weiteren Querstrich setzt:

Sehr schnelle Wiederholungen einzelner Noten oder Wechselnoten erzielen einen besonderen Effekt, der **tremolo** genannt wird. In den Noten wird an den entsprechenden Stellen ein ‚*tremolo*' oder ‚*trem.*' gesetzt.

# Anhang 1:
# Tonleitern und Kirchentonarten

## Dur-Tonleitern

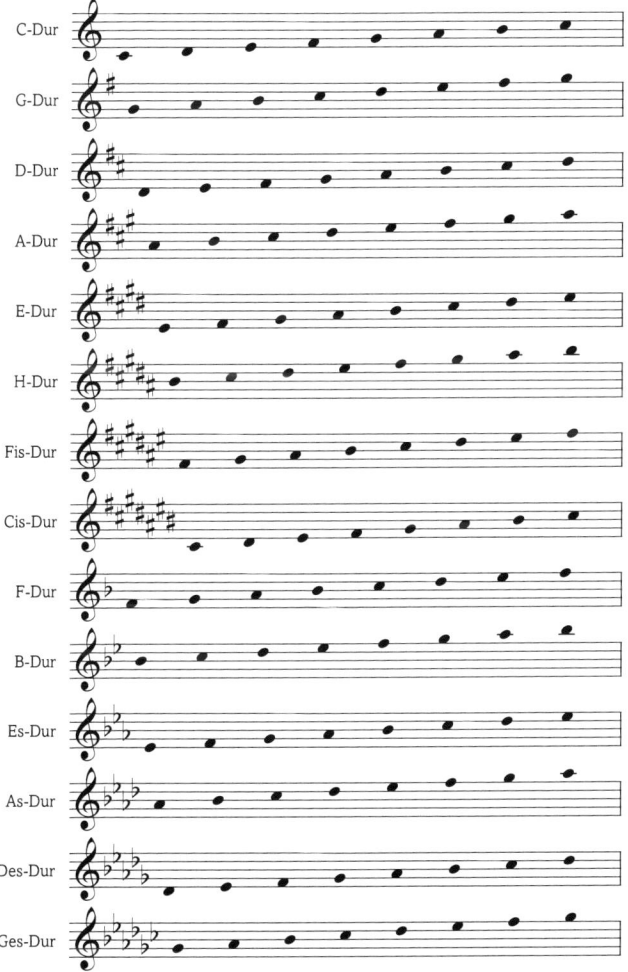

# Natürliche Moll-Tonleitern

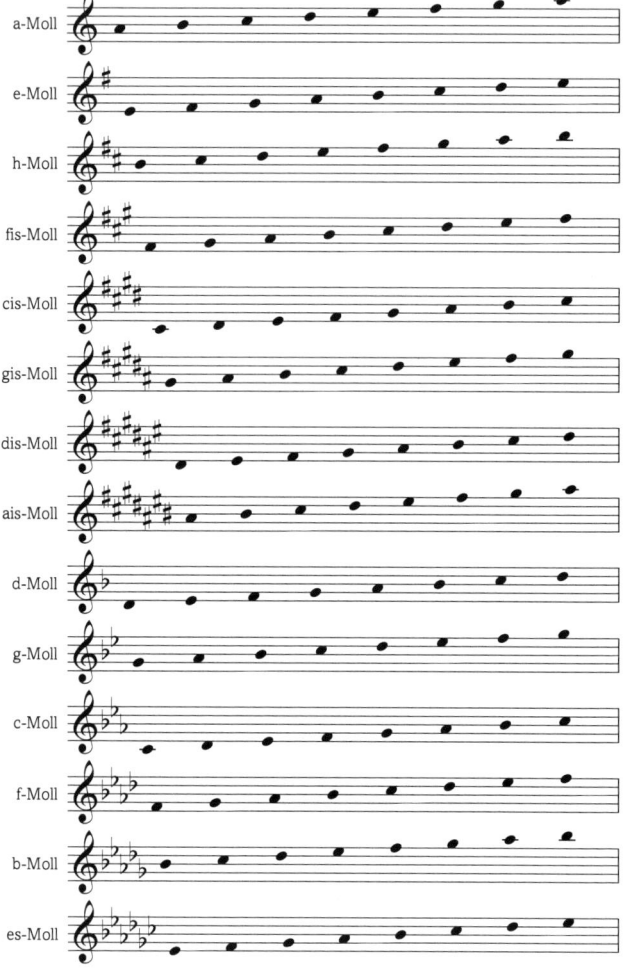

# Harmonische Moll-Tonleitern

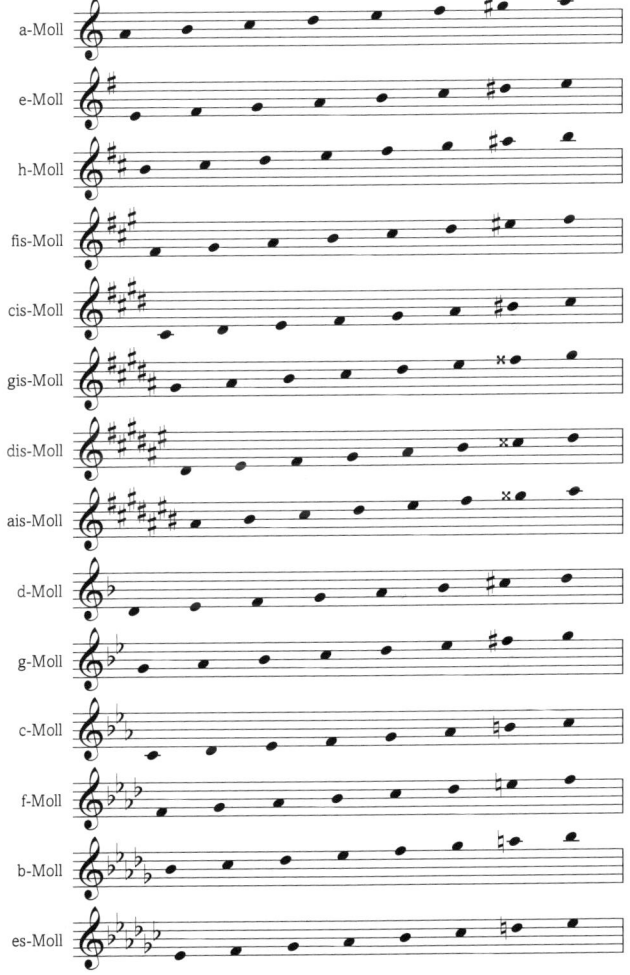

# Melodische Moll-Tonleitern

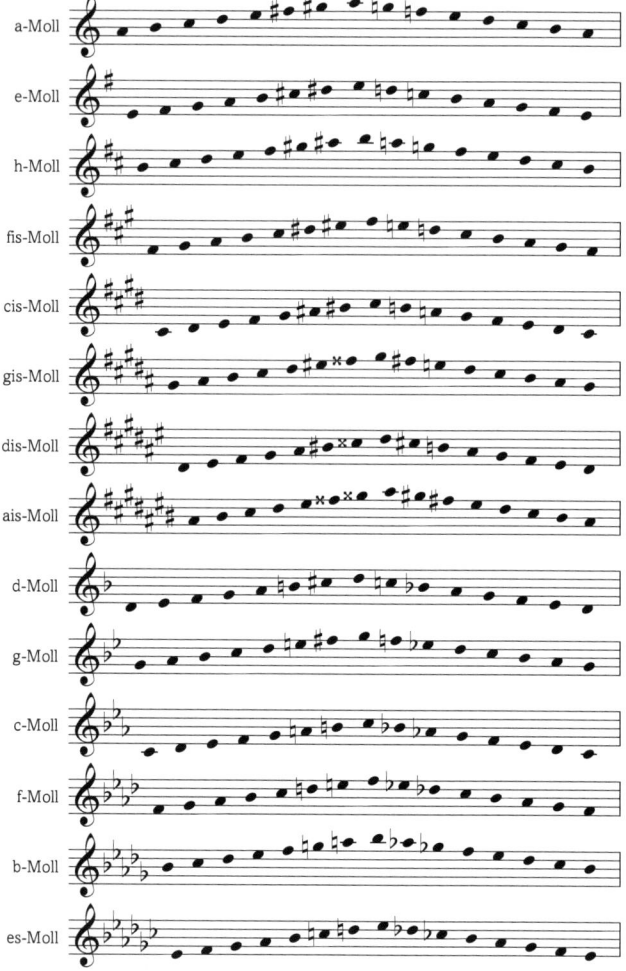

# Die Haupt-Kirchentonarten (Modi)

# Anhang 2: Weitere Hörbeispiele

## Tonhöhe

*Intervalle*

Der ungarische Komponist Béla Bartók (1881–1945) komponierte den *Mikrokosmos* mit pädagogischer Intention. Einige der 153 Klavierstücke sind auf bestimmten Intervallen aufgebaut:

**Buch 2,** Nr. 56: Melodie in Dezimen
   Nr. 62: kleine Sexten in Parallelbewegung

**Buch 3,** Nr. 71: Terzen

**Buch 5,** Nr. 132: große Sekunden, gebrochen und simultan
   Nr. 131: Quarten

**Buch 6,** Nr. 144: kleine Sekunden, große Septimen

## Tonleitern

**Melodisches Moll**  L. van Beethoven, Klavierkonzert Nr. 3 (Soloklavier, Anfangstakte)

**Chromatik**  W. A. Mozart, Sinfonie Nr. 38 in D (,Prager') (II, Anfangsthema)
   B. Bartók, *Mikrokosmos* Buch 2 (Nr. 54, Chromatik)

**Pentatonik**  C. Debussy, ,Pagodes' aus *Estampes*
   B. Bartók, *Mikrokosmos*, Buch 2 (Nr. 61, pentatonische Melodie)

**Ganztonleiter**  I. Strawinsky, *Sacre du Printemps* (Kontrabassstimme im ,Tanz der Erde')
   B. Bartók, *Mikrokosmos*, Buch 5 (Nr. 5, Ganztonleitern)

**Achttonleitern**  O. Messiaen, Prélude (Nr. 5 *Les sons impalpables du rêve*)

## Rhythmus

**Taktwechsel**  A. Copland, *Appalachian Spring*
   B. Bartók, *Mikrokosmos*, Buch 6 (Nr. 142, Aus dem Tagebuch einer Fliege)

**Fünfertakt**  G. Holst, ,Mars' aus *Die Planeten*
   D. Schostakowitsch, *Preludes* für Klavier, Nr. 4

**Siebenertakt**  L. Bernstein, ‚Make a joyful noise' aus *Chichester Psalms*
S. Prokofjew, *Klaviersonate Nr. 7* (III)
B. Bartók, *Mikrokosmos*, Buch 4 (Nr. 113, Bulgarischer Rhythmus (1))

**Triolen**  B. Bartók, *Mikrokosmos*, Buch 3 (Nr. 55 und 75)

**Synkopen**  I. Strawinsky, ‚Höllentanz' aus *Der Feuervogel*

**Hemiolen**  L. Bernstein, ‚America' aus *West Side Story*

## Rhythmus, Melodie und Text

**Rhythmische Transformation**  L. van Beethoven, Sinfonie Nr. 5

**Melodische Transformation**  N. Paganini, *Caprice Nr. 24* für Violine
S. Rachmaninow, *Rhapsodie über ein Thema von Paganini*
W. Lutosławski, *Variationen über ein Thema von Paganini*

**Wortausdeutung**  Italienische und Englische Madrigale, z.B. T. Weelkes, *As Vesta Was from Latmos Hill Descending*
F. Schuberts Liederzyklen, z.B. *Die schöne Müllerin* und *Winterreise*

**Melismen**  G. F. Händels Opern und Oratorien, z.B. ‚Vivi tiranno' aus *Rodelinda*
G. Rossinis Opernarien, z.B. ‚Una voce poco fa' aus *Der Barbier von Sevilla*
B. Britten, *Serenade für Tenor, Horn und Streicher* (über dem Wort ‚excellently' in Nr. 6 (‚Hymn'))

## Verzierungen

Das aufgelistete Repertoire veranschaulicht die Verzierungspraxis unterschiedlicher Epochen.

**Renaissance und Barock**  *The Fitzwiliam Virginal Book*

**Barock**  Cembalowerke von J. S. Bach, F. Couperin, G. F. Händel und J.-P. Rameau

**Klassik**  Klaviersonaten von J. Haydn und W. A. Mozart

**Romantik**  Mazurken und Nocturnes von F. Chopin

## Instrumente und Stimmen

### Konzerte und Solostücke für alle gängigen Orchesterinstrumente

**Flöte**  J. J. Quantz, G. P. Telemann, A. Vivaldi, C. P. E. Bach, F. Danzi, W. A. Mozart, M. Arnold, C. Nielsen, J. Rodrigo, K. Penderecki

**Oboe**  J. S. Bach, T. Albinoni, J. J. Quantz, G. P. Telemann, A. Vivaldi, G. F. Händel, D. Cimarosa, W. A. Mozart, R. Strauss, R. Vaughan Williams, B. Britten (*Metamorphoses*)

**Klarinette** W. A. Mozart, C. M. von Weber, L. Spohr, C. Stamitz,
P. Hindemith, S. Finzi, A. Copland, I. Strawinsky (*Ebony Concerto*),
J. Adams (*Gnarly Buttons*), S. Reich (*New York Counterpoint* für Klarinette
und Tonband)

**Fagott** A. Vivaldi, J. M. Molter, J. C. Bach, W. A. Mozart, C. M. von Weber,
J. N. Hummel, G. Rossini, G. Jacob, M. Davies, G. Bingham, W. Rihm

**Horn** G. P. Telemann, J. Haydn, W. A. Mozart, R. Schumann (*Konzertstück*
für vier Hörner und Orchester), C. Saint-Saëns, C. M. von Weber,
R. Strauss, M. Arnold, B. Britten (*Serenade* für Tenor, Horn und
Streicher)

**Trompete** A. Vivaldi, G. F. Händel, G. P. Telemann, J. Stamitz, J. Haydn,
L. Mozart, J. N. Hummel, J. B. G. Neruda, A. Ponchielli, A. Pärt,
E. Tamberg, A. Honegger, P. Hindemith, H. Tomasi

**Posaune** G. C. Wagenseil, M. Haydn, L. Mozart, N. A. Rimski-Korsakov,
J. N. David, G. Jacob, E. Bozza, I. Xenakis, M.-A. Turnage, L. Berio,
T. Takemitsu, D. Bourgeois, C. Lindberg, M. Nyman, A. Pärt, S.-D.
Sandström

**Tuba** R. Vaughan Williams, E. Gregson, J. Williams, M. Arnold (*Fantasy* für
Solo Tuba), P. Hindemith (*Sonata* für Tuba und Klavier)

**Violine** A. Vivaldi, J. S. Bach, W. A. Mozart, L. van Beethoven,
F. Mendelssohn, J. Brahms, R. Schumann, P. Tschaikowsky, N. Paganini,
M. Bruch, E. Elgar, S. Prokofjew, D. Schostakowitsch, B. Bartók,
A. Berg, P. Glass, J. Adams, S. A. Gubaidulina

**Viola** G. P. Telemann, C. Stamitz, F. A. Hoffmeister, W. A. Mozart (*Sinfonia
Concertante* KV 364), H. Berlioz (*Harold in Italien*), D. Milhaud,
P. Hindemith, R. Vaughan Williams, W. Walton, M. Feldmann (*The Viola
in My Life*), A. Schnittke

**Cello** A. Vivaldi, C. P. E. Bach, J. Haydn, L. Boccherini, R. Schumann,
A. Dvořák, C. Saint-Saëns, H. Villa-Lobos, E. Elgar, G. Ligeti,
A. Schnittke

**Kontrabass** C. D. von Dittersdorf, G. Bottesini, G. Jacob, M. Davies,
G. Bryars, H. W. Henze

**Schlagwerk** J. Macmillan (*Veni, Veni, Emmanuel*), J. Cage (*Second
Construction*)

### *Orchesterwerke mit Wechselinstrumenten (Holzbläser)*

**Piccolo** S. Prokofjew (*Lieutenant Kijé*), C. Debussy (*Iberia*)

**Englischhorn** G. Rossini (*Wilhelm Tell Ouvertüre*), A. Dvořák (*Sinfonie aus
der neuen Welt*)

**Kontrafagott** J. Brahms (*Variationen über ein Thema von Haydn*), M. Ravel
(*La Valse*)

**Es-Klarinette** H. Berlioz (‚Marsch zum Schafott' aus *Symphonie Fantastique*)

**Bassklarinette** R. Strauss (*Salome*), R. Wagner (*Götterdämmerung*, Akt I, Szene 3)

### *Solowerke mit besonderen Spieltechniken*

Der zeitgenössische italienische Komponist L. Berio (1925–2003) komponierte für einige Instrumente Solostücke mit besonderen Spieltechniken:

**Holzbläser** *Sequenza I* (Flöte)
  *Sequenza VIIa* (Oboe)
  *Sequenza IX* (Klarinette)
  *Sequenza IXc* (Bassklarinette)
  *Sequenza XII* (Fagott)

**Blechbläser** *Sequenza X* (Trompete und Klavierresonnanz)
  *Sequenza V* (Posaune)

**Streicher** *Sequenza VIII* (Violine)
  *Sequenza VI* (Viola)
  *Sequenza XIV* (Cello)
  *Sequenza XIVb* (Kontrabass)

**Klavier** *Sequenza IVf*

### *Vokalwerke*

**Sopran** H. Purcell ‚When I am laid in earth' aus *Dido und Aeneas*

**Alt** J. Brahms, *Alt-Rhapsodie*

**Tenor** G. Puccini, ‚Nessun dorma' aus *Turandot*

**Bass** W. A. Mozart, ‚O Isis und Osiris' aus *Die Zauberflöte*

# Anhang 3:
# Epochen der Musikgeschichte

Von jeder Epoche werden die wichtigsten Komponisten (chronologisch, nach Geburtsjahr), Formen und Stilrichtungen genannt.

---

**Mittelalter** (bis ca. 1450)
**England** 14./15. Jahrhundert: J. Dunstable
**Frankreich** 12./13. Jahrhundert: Léonin, Pérotin
   14. Jahrhundert: Guillaume de Machaut
   15. Jahrhundert: Guillaume Dufay
*Gregorianischer Choral, Organum, Motette, Messe, Orgelmusik, Lieder und Tänze*

---

**Renaissance** (ca. 1450–1600)
**England** T. Tallis, W. Byrd, T. Morley, J. Bull, J. Dowland, O. Gibbons
**Italien** G. P. da Palestrina, G. Gabrieli, C. Monteverdi
**Niederlande** Josquin Desprez, Orlando di Lasso
*Motette, Messe, Chor, italienisches und englisches Madrigal, Elisabethanische Tastenmusik*

---

**Barock** (ca. 1600–1750)
**Deutschland** H. Schütz, J. S. Bach, G. F. Händel
**England** H. Purcell
**Frankreich** J.-B. Lully, F. Couperin, J.-P. Rameau
**Italien** C. Monteverdi, A. Corelli, A. Scarlatti, A. Vivaldi, D. Scarlatti
*Oper, Ouvertüre, Oratorium, Messe, Chor, Kantate, Fuge, Sonate, Konzert, Concerto grosso*

---

**Klassik** (ca. 1750–1810)
**Deutschland** C. W. Gluck, C. P. E. Bach, J. C. Bach, L. van Beethoven
**Österreich** J. Haydn, W. A. Mozart
**Böhmen** J. Stamitz, C. Stamitz
*Oper, Ouvertüre, Oratorium, Messe, Chor, Sinfonie, Konzert, Streichquartett*

**Romantik** (ca. 1810–1910)
**Böhmen** A. Dvořák, B. Smetana
**Deutschland** L. van Beethoven, C. M. von Weber, F. Mendelssohn,
R. Schumann, R. Wagner, J. Brahms, R. Strauss
**England** E. Elgar
**Frankreich** H. Berlioz
**Italien** G. Verdi
**Norwegen** E. Grieg
**Österreich** F. Schubert, G. Mahler, A. Bruckner
**Polen** F. Chopin
**Russland** P. I. Tschaikowsky, N. A. Rimski-Korsakow
**Ungarn** F. Liszt
*Oper, Lied, Ouvertüre, Sonate, Klavierwerke, Konzert, Sinfonie, Streichquartett*

**Frühes bis spätes 20. Jahrhundert**
**Deutschland** K. Stockhausen
**England** B. Britten, C. Cardew, R. Vaughan Williams
**Finnland** J. Sibelius
**Frankreich** C. Debussy, M. Ravel, E. Satie, O. Messiaen, E. Varèse,
P. Boulez, I. Xenakis
**Österreich** A. Schönberg, A. Berg, A. Webern (Zweite Wiener Schule)
**Russland** I. Strawinsky, S. Prokofjew, D. Schostakowitsch
**Ungarn** B. Bartók
**USA** C. Ives, A. Copland, J. Cage
*Oper, Ballett, Musiktheater, Konzert, Sinfonie, Streichquartett, Klavierwerke,
Impressionismus, Neo-Klassizismus, Expressionismus, Serialismus, Elektronik,
experimentelle Musik, Avantgarde*

**Spätes 20. bis frühes 21. Jahrhundert**
**Deutschland** K. Stockhausen, M. Kagel, W. Rihm
**England** M. Davies, H. Birtwistle, M.-A. Turnage
**Estland** A. Pärt
**Frankreich** P. Boulez
**Polen** K. Penderecki
**Russland** A. Schnittke
**Ungarn** L. Berio
**USA** J. Cage, S. Reich, P. Glass, J. Adams, M. Feldman
*Minimalismus, Serialismus, Elektronik, experimentelle Musik, Avantgarde,
Oper und Musiktheater, Konzert, Kammermusik, Sinfonie, Streichquartett,
Klavierwerke*

# Verzeichnis musikalischer Begriffe

*Abkürzungen:* [FRZ.] *Französisch*   [IT.] *Italienisch*   [LAT.] *Latein*

**a** [IT.] bis, zu
**à** [FRZ.] bis, zu
**a cappella** [IT.] Chormusik ohne Instrumentalbegleitung
**a comodo** [IT.] gemächlich
**accelerando, accel.** [IT.] allmählich schneller werdend
**adagietto** [IT.] ziemlich langsam
**adagio** [IT.] langsam
**à deux** [FRZ.] zu zweit
**a due, a 2** [IT.] zu zweit
**ad lib., ad libitum** [LAT.] nach Belieben
**affettuoso** [IT.] leidenschaftlich, mit Gefühl
**affrettando** [IT.] beschleunigend, eilend
**agitato** [IT.] lebhaft
**al, alla** [IT.] wie, im Stile; zum / zur
**alla breve** [IT.] in Halben geschlagen
**alla marcia** [IT.] marschartig
**alla misura** [IT.] streng im Takt
**allargando** [IT.] breiter (ein bisschen langsamer) werdend
**allegretto** [IT.] recht schnell, aber nicht so schnell wie Allegro
**allegro** [IT.] schnell
**allegro assai** [IT.] recht schnell
**allegro ma non troppo** [IT.] schnell, aber nicht allzu schnell
**allegro moderato** [IT.] mäßig bewegt
**amabile** [IT.] lieblich
**amore** [IT.] Liebe
**amoroso** [IT.] lieblich, zart
**amour** [FRZ.] Liebe
**andante** [IT.] gehend, mäßig langsam
**andantino** [IT.] ein wenig bewegt
**animato** [IT.] belebt, lebendig
**animé** [FRZ.] lebhaft
**a piacere** [IT.] nach Belieben
**appassionato** [IT.] hingebungsvoll, mit Gefühl
**arco** [IT.] mit dem Bogen spielen (folgt auf eine pizzicato-Passage)
**assai** [IT.] sehr, ziemlich
**assez** [FRZ.] genug
**a tempo** [IT.] zurück zum Anfangstempo
**attacca** [IT.] unmittelbar anschießen

**avec** [FRZ.] mit
**ben, bene** [IT.] gut
**bis** [LAT.] zweimal
**bravura** [IT.] Geschicklichkeit, Brillianz
**brillante** [IT.] brilliant
**brillant** [FRZ.] brilliant
**calando** [IT.] abnehmend, nachlassend
**calmato** [IT.] beruhigt
**calme** [FRZ.] ruhig
**cantabile** [IT.] singend
**cantando** [IT.] singend
**capriccioso** [IT.] launisch
**cédez** [FRZ.] nachlassen
**col, colla, colle** [IT.] mit
**colla parte** [IT.] mit der Hauptstimme
**colla voce** [IT.] mit der Stimme
**col legno** [IT.] mit dem Holz, Spielanweisung für Streicher: statt mit dem Bogenhaar ist mit dem Bogenholz zu spielen
**come** [IT.] wie
**come primo** [IT.] wie zu Anfang
**con** [IT.] mit
**con bravura** [IT.] mit Bravour, virtuos
**con brio** [IT.] mit Schwung
**con forza** [IT.] mit Kraft
**con fuoco** [IT.] mit Feuer
**con grazia** [IT.] graziös, elegant
**con moto** [IT.] mit Bewegung
**con sordini, con sordino** [IT.] mit Dämpfer
**corda, corde** [IT.] Saite, Saiten
**crescendo, cresc.** [IT.] lauter werden
**da** [IT.] von
**da capo, D. C.** [IT.] von Anfang
**dal segno, D. S.** [IT.] ab dem Zeichen
**deciso** [IT.] entschieden
**decrescendo** [IT.] leiser werden
**delicato** [IT.] feinfühlig
**diminuendo, dim.** [IT.] leiser werden
**divisi, div.** [IT.] geteilt, Anweisung für Musiker (meistens Streicher), in zwei Gruppen zu spielen
**dolce** [IT.] süß
**dolente** [IT.] traurig
**doppio movimento** [IT.] doppelt so schnell
**douce, doux** [FRZ.] süß
**e, ed** [IT.] und

## 132 Glossar der gängigen musikalischer Fachbegriffe

**en animant** [FRZ.] lebhafter werden
**energico** [IT] energisch
**en pressant** [FRZ.] eilen
**en retenant** [FRZ.] langsamer werden
**en serrant** [FRZ.] schneller werden
**espressivo, espr.** [IT] ausdrucksvoll
**et** [FRZ.] und
**expressif** [FRZ.] ausdrucksvoll
**f** [IT] vgl. *forte*
**facile** [IT] [frz.] einfach
**felice** [IT] fröhlich
**ff** [IT] vgl. *fortissimo*
**fin** [IT] Ende
**fine** [IT] Ende
**forte** [IT] laut
**fortissimo** [IT] sehr laut
**forzando** [IT] plötzlich verstärkt, hervorgehoben
**fp** [IT] stark hervorgehoben und danach sofort wieder leise
**furioso** [IT] rasend, wild
**giocoso** [IT] heiter
**giusto** [IT] angemessen, passend
**glissando, gliss.** [IT] gleiten
**G.P.** Generalpause, zeigt an, dass alle Ausführenden für die Dauer von normalerweise ein oder zwei Takten schweigen
**gracieux** [FRZ.] anmutig
**grandioso** [IT] großartig, erhaben
**grave** [IT] sehr langsam, schwer
**grazioso** [IT] anmutig
**joyeux** [FRZ.] lustig, scherzhaft
**lacrimoso** [IT] weinend, wehklagend
**lamentoso** [IT] wehklagend, jammernd
**largamente** [IT] breit
**largo** [IT] breit und langsam
**larghetto** [IT] etwas breit
**legato** [IT] gebunden
**leggiero** [IT] leicht, ungezwungen
**légèrement** [FRZ.] leicht, ungezwungen
**lent** [FRZ.] langsam
**lento** [IT] langsam
**liberamente** [IT] frei
**librement** [FRZ.] frei
**l'istesso** [IT] dasselbe
**l'istesso tempo** [IT] dasselbe Tempo
**loco** [IT] am richtigen Ort

**lontano** [IT.] entfernt
**lunga** [IT.] lang
**lunga pausa** [IT.] lange Pause
**lusingando** [IT.] schmeichelnd, betörend
**ma** [IT.] aber
**maestoso** [IT.] erhaben
**main** [FRZ.] Hand
**main droite** [FRZ.] rechte Hand
**main gauche** [FRZ.] linke Hand
**mais** [FRZ.] aber
**mano** [IT.] Hand
**mano destra** [IT.] rechte Hand
**mano sinistra** [IT.] linke Hand
**marcato, marc.** [IT.] markiert
**martellato** [IT.] besonders kräftiges staccato
**marziale** [IT.] kriegerisch
**meno** [IT.] weniger
**meno mosso** [IT.] weniger bewegt, langsamer
**mesto** [IT.] traurig
**mf** [IT.] vgl. *mezzo forte*
**mezzo** [IT.] halb
**mezzo forte** [IT.] halb laut
**mezzo piano** [IT.] halb leise
**misterioso** [IT.] mysteriös
**misura** [IT.] streng im Takt
**moderato** [IT.] in moderatem Tempo
**modéré** [FRZ.] in mittlerem Tempo
**moins** [FRZ.] weniger
**molto** [IT.] viel, sehr
**morendo** [IT.] ‚sterbend', langsam ausklingend
**mosso** [IT.] mit Bewegung, lebhaft
**moto** [IT.] Bewegung, zeitmäßig
**mp** [IT.] vgl. *mezzo piano*
**muta** [IT.] wechseln, z.B. von B-Klarinette zu A-Klarinette
**niente** [IT.] nichts
**nobilmente** [IT.] nobel
**non** [IT.] [FRZ.] nicht
**obbligato** [IT.] verbindlich, verpflichtend
**ossia** [IT.] Hinweis auf eine Variante
**ostinato** [IT.] immer wiederkehrend
**ottava** [IT.] Oktave
**p** [IT.] vgl. *piano*
**pausa** [IT.] Pause
**pedale** [IT.] Pedal

**per** [IT] zu
**perdendosi** [IT] sich verlierend
**pesante** [IT] schwerfällig
**peu** [FRZ.] etwas
**piacevole** [IT] gefällig
**piangevole** [IT] weinend, klagend
**piano** [IT] leise
**più** [IT] mehr
**piu mosso** [IT] mehr Bewegung
**pizzicato** [IT] mit den Fingern gezupft
**placido** [IT] ruhig, sanft
**plus** [FRZ.] mehr
**poco** [IT] etwas
**poco a poco** [IT] allmählich
**poco a poco cresc.** [IT] allmählich lauter werden
**pochissimo** [IT] äußerst wenig
**poi** [IT] dann
**pp** [IT] vgl. *pianissimo*
**pianissimo** [IT] sehr leise
**ponticello** [IT] Steg
**portamento** [IT] gleitender, glissandoähnlicher Übergang
**possibile** [IT] möglich
**precipitando** [IT] überstürzend, übereilend
**presto** [IT] sehr schnell
**presto possibile** [IT] so schnell wie möglich
**prestissimo** [IT] äußerst schnell
**prima volta** [IT] erstes Mal, erster Schluss
**ralentir** [FRZ.] allmählich langsamer werden
**rallentando, rall.** [IT] allmählich langsamer werden
**retenu** [FRZ.] allmählich langsamer werden
**rinforzando, rfz, rf** [IT] plötzlich verstärkt, hervorgehoben
**risoluto** [IT] entschlossen, energisch
**ritardando, ritard. oder rit.** [IT] allmählich langsamer werden
**ritenuto, rit.** [IT] zurückhalten
**ritmico** [IT] rhythmisch
**rubato, tempo rubato** [IT] mit rhythmischer Freiheit (wörtlich: „gestohlene Zeit")
**sans** [FRZ.] ohne
**scherzando, scherzoso** [IT] spielerisch
**sec** [FRZ.] trocken, ohne Nachhall
**secco** [IT] trocken, ohne Nachhall
**seconda volta** [IT] zweites Mal
**segue** [IT] es folgt
**semplice** [IT] einfach, schlicht

**sempre** [IT] immer
**senza** [IT] ohne
**senza misura** [IT] ohne strenges Zeitmaß, rhythmisch frei
**senza sordini, senza sordino** [IT] ohne Dämpfer
**serrer, serrez** [FRZ.] zusammenziehen
**sforzando, sforzato, sfz, sf** [IT] verstärkt, hervorgehoben
**simile, sim.** [IT] in gleicher Weise
**slargando** [IT] breiter, langsamer werden
**slentando** [IT] langsamer werden
**soave** [IT] sanft, lieblich
**solenne** [IT] festlich, feierlich
**sonoramente, sonoro** [IT] klangvoll, wohlklingend
**sonore** [FRZ.] Klang
**sordini, sordino, sord.** [IT] Dämpfer
**sospirando** [IT] seufzend, wehklagend
**sostenuto** [IT] verhalten, getragen
**sotto** [IT] unterhalb, unter
**sotto voce** [IT] mit gedämpfter Stimme
**spicatto** [IT] deutlich getrennt
**spiritoso** [IT] geistreich
**staccato** [IT] gestoßen, getrennt
**strepitoso** [IT] lärmend, geräuschvoll
**stretto** [IT] gedrängt, eilend
**stringendo** [IT] allmählich schneller werden
**subito** [IT] plötzlich
**subito pp** [IT] plötzlich sehr leise
**sul, sulla** [IT] auf, an
**sul G** [IT] auf der G-Saite zu spielen (sul A – auf der A-Saite zu spielen)
**sul ponticello** [IT] am Steg zu spielen
**tacet** [IT] schweigt
**tempo** [IT] Zeitmaß
**tempo primo** [IT] zurück zum Anfangstempo
**tempo giusto** [IT] angemessenes Zeitmaß
**teneramente** [IT] zärtlich
**tenuto** [IT] ausgehalten
**tre** [IT] drei
**tranquillo** [IT] ruhig
**tre corde** [IT] auf drei Saiten
**tremolando** [IT] mit Tremolo
**tremolo** [IT] zitternd, bebend; bei Streichern: Spielen mit schnellen Bogenbewegungen hin und her, bei Sängern: mit starkem Vibrato
**très** [FRZ.] sehr
**triste** [IT] [FRZ.] traurig
**troppo** [IT] zu viel

**tutti** [IT] alle
**una corda** [IT] das linke Pedal des Klaviers drücken („eine Saite")
**una** [IT] eins
**unisono, unis.** [IT] einstimmig
**veloce** [IT] schnell, rasch, geschwind
**vif** [FRZ.] lebhaft
**vigoroso** [IT] kräftig, energisch
**vite** [FRZ.] schnell
**vivace** [IT] lebhaft, flott
**vivement** [FRZ.] lebhaft, flott
**vivo** [IT] lebhaft, flott
**voce** [IT] Stimme
**voix** [FRZ.] Stimme
**volti subito, V. S.** [IT] sofort umblättern

# Index

Acciaccatura **108**
Akkorde 49–63
 – Akkordbenennungen 54–55, 56
 – Akkorde in enger und weiter Lage 54
 – Akkorde in Grundstellung 53
 – Akkorde in Pop und Jazz 57
 – Dominantseptakkord 53
 – Gebrochene Akkorde 62
 – Grundton eines Akkords 50
 – Hauptdreiklänge 44, 51
 – Hauptstufen 44
 – Nebendreiklänge 51
 – Römische Ziffern 55
 – Satztechnik 60
 – Septakkorde 52, 55
 – Tonverdopplung 53
 – Übermäßige Akkorde 51
 – Umkehrungen 54–55
Akzente und akzentuierte Töne 5, 17, 100, 114
Alberti-Bass 63
Altschlüssel 22, 23, 67
Amen-Kadenz 59
Angebundene Noten **4**, 11, 13, 24
Arpeggieren 108
Arpeggio 63
Artikulationszeichen 113–114
Aufbau von Akkordfolgen 60–61
Aufführungshinweise 74, 78, 83, 85
Auflösungszeichen (Vorzeichen) 23–24
Auftakt 94
Authentischer Schluss 57, 58, 59

Barockmusik 56, 84–86, 125, **128**
Balken 9, 10, 12, 15, 16, 99, 118
Bassschlüssel **21**, 22, 23
Bezifferter Bass 55–56
Blechblasinstrumente 72, 87
Bögen 15, 16, **113**
Bes 23–25
Be-Tonarten 40, 43

Chaconne **60**, 62, 63
Chorpartitur 89–90
Chromatik 46
Chromatische Tonleitern **45–46**, 124
Crescendo 111, 131

Da Capo 116, 131
Diatonik 26, 36, 46
Diminuendo 111, 131
Doppelgriffe 82, 83
Doppelschlag 97, 102, **105–106**
Doppelt punktierte Noten und Pausen 4
Doppelkreuze und Doppel-Bes 25
Dreiklänge 42, 50–52, 53–54, 63
Duolen 15–16
Dur-Dreiklang 50
Dur-Tonleiter (vgl. Tonleitern)
Dur-Variante 44
Dynamische Zeichen 89, 90, **111–112**

Einundzwanzigstes Jahrhundert 129
Enharmonische Verwechslung 24, 25, 40, 44
Enharmonische Intervalle 31
Epochen der Musikgeschichte 128
Erkennen von Tonarten 45
Erste Umkehrung 55, 56

Fermate 114
Figuration 60, 63, **64**
Fünftertakt **8**, 124

Ganzschluss 58
Gebrochene Akkorde (vgl. Akkorde)
Generalpause (G.P.) 114, 132
Generalvorzeichen 38–39, **45**
 – Tabelle der Generalvorzeichen 43
Große Intervalle 26
Grundpuls 1, 5
Grundstellung eines Akkords (vgl. Akkorde)

## Index

Grundton eines Akkords (vgl. Akkorde)
Gruppierungen von Noten 9–13
Gruppierungen von Pausen 13–15
- Ganztaktpausen 15

Halbton 36–37
Halbschluss 57, 58, 59
Harmonie 49–64
Harmonisches Moll (vgl. Tonleitern)
Harmonischer Rhythmus 60
Harmonisieren von Tönen 60–64
Hemiolen **18**, 125
Hilfslinien **22**, 38, 115
Homophoner Satz 60

Instrumentalensembles 86–87
Instrumente 73–88, 125–127
- Blechblasinstrumente 78–79, 126, 127
- Holzblasinstrumente 74, 76–77, 125–126, 127
- Schlagwerk 80–81, 126
- Streicher 82–83, 126, 127
- Tasteninstrumente 84–86, 127
- Transponierende Instrumente 70–72

Intervalle 25–34
- Dissonante Intervalle 31
- Große Intervalle 26
- Harmonische Intervalle 25
- Intervalle benennen 28, 30
- Intervalle erkennen 32–34
- Intervalltabelle 29
- Kleine Intervalle 26
- Konsonante Intervalle 31
- Melodische Intervalle 25
- Merk-Beispiele 32–33
- Reine Intervalle 26, 27
- Übermäßige Intervalle 27, 31
- Verminderte Intervalle 27, 31
- Zusammengesetzte Intervalle 30

Italienische Begriffe 110–112, 130–136

Kadenzen 57–59
Kammermusik und Ensembles 86, 87

Kanon 61
Klangerzeugung von Instrumenten
- Blechbläser 78
- Holzbläser 74
- Schlagwerk 80
- Singstimmen 88
- Streicher 82
- Tasteninstrumente 84, 85, 86

Klassische Musik 63, 86, 125, **128**
Kontrapunkt 61
Krebs 97
Kurzer Vorschlag 102, **108**
Kirchentonarten 123
- Aeolisch 41, 123
- Dorisch 123
- Ionisch 37, 123
- Lydisch 123
- Mixolydisch 123
- Phrygisch 123
- Tabelle der Kirchentonarten 41, 123

Kleine Intervalle 26
Kreuze 23–25
Kreuzvorzeichen 39, 43

Leitton **36**, 37, 46, 51, 58
Liniensystem 2, **20**, 22, 89, 90

Melisma **99**, 100
Melodien schreiben 91–95, 96–98
Melodische Umkehrung 97
Metronomangaben 110
Modulation 44
Moll-Tonleiter (vgl. Tonleitern)
Moll-Variante 44
Mordent 97, **106–107**

Natürliches Moll (vgl. Tonleitern) 40, **41, 120**
Nebennoten 62
Notenhälse **22**, 90, 99, 117
Notenwerte und Pausen 2
Oktatonische Skala 48
Oktave 26, 31, 33, 36

# Index

Particell 90
Pausenzeichen 2, 4
Phrasen 92–94, 98, 113
Pizzicato 83
Plagalschluss 57, 59
Polyphonie 61, 89
Pralltriller 102, **106–107**
Punktierte Noten und Pausen 4, 6–7, 12, 13, 14, 107

Quartolen 17
Quintenzirkel 44
Quintolen 15, 16–17

Reines Intervall (vgl. Intervalle)
Renaissance-Musik 84, 85, 92, 125, **128**
Rhythmus 1–18
– viertaktige Rhythmen schreiben 92, 94, **95**
Rhythmische Transformationen 94, 96, 125
Römische Ziffern 55
Romantik 125, **129**

Satztechnik **60**
Schlüssel 20–22, 23, 67
Schlüssel-c **21**, 22–23, 67
Septolen 16–17
Septakkorde 52–55
– Dominantseptakkord 53, 55
– Dur-Septakkord 53
– Moll-Septakkord 53
– verminderter Septakkord 53
Sequenz
– Akkordsequenz 60
– Melodische Sequenz 96
Sextolen 15, 16–17
Singstimmen 88
– Tonumfang von Singstimmen 88
Staccato **113**, 135
Synkopen **17–18**, 96, 125

Takt 4, 5
Taktangaben 5–9
– einfach 5–6
– zusammengesetzt 6–7
Takte und Taktstriche 4, 5
– zweiteilige Takte 5
– dreiteilige Takte 5
Taktarten mit ungleichmäßiger Unterteilung 8
Tempobezeichnungen 110–112
Tenorschlüssel 22–23, 67
Tenuto 114, 135
Textunterlegung 98–100
– Melismen 99
– Silben 99
Textur 60
Töne 36–37
Tonhöhe 19–34
Tonleitern 35–48, 119–123
– Achttonleiter 48
– Chromatik 45–46
– Dur 26, 36, 37, 39–40, 119
– Ganztonleiter 48
– Harmonisches Moll 41–42, 121
– Melodisches Moll 42, 122
– Moll 36, 40, 120–122
– Natürliches Moll 41, 120
– Pentatonisches Dur 46–47
– Pentatonisches Moll 46–47
– Tabelle der Dur-Tonleitern 119
– Tabelle der Moll-Tonleitern 120–122
Tonleiterstufen 36
Tonumfang von Instrumenten und Stimmen
– Blechblasinstrumente 78–79
– Holzbläser 76
– Schlagwerk 80–81
– Singstimmen 88
– Streicher 82
Transponierende Instrumente 70–72
Transposition 65–72
Tremolo 83, 118, 135
Triller 102–104
Triolen 15, 17, 125
Tritonus **27**, 32

Übergebundene Noten 4, 11, 13, 24
Übermäßige Akkorde (vgl. Akkorde)
Übermäßige Intervalle (vgl. Intervalle)
Unisono 31, 136
Unterbrochene Kadenz 57, 59

Variant-Tonarten 44
Verminderte Akkorde (vgl. Akkorde)
Verminderte Intervalle (vgl. Akkorde)
Verwandte Tonarten
– verwandte Dur-Tonarten 43
– verwandte Moll-Tonarten 43
Verzierungen 97, 101–108
Verzierungsnoten 102, 103, 107, 108
Vierertakt 5
Viertaktige Rhythmen schreiben 92, 94, **95**
Violinschlüssel **20–21**, 23, 67
Vokalensemble 88–89
Vorschlag 102, **107**

Vorzeichen 23–25
– bei Chorpartituren/Particellen 90
– beim Transponieren 66–68
– und Akkorde 51
– und bezifferter Bass 56
– und Generalvorzeichen 45
– und Verzierungen 104, 106, 107

Wiederholungszeichen 115–118
– Da Capo-Wiederholungen 116
– Dal Segno-Wiederholungen 116
– Wiederholung von Takten 117
– Wiederholung von Noten 117–118
– Wiederholungsteile 115
Wortmalerei 99, 125

Zusammengesetzte Takte 6–7, 12–13, 14, 15, 17
Zwanzigstes Jahrhundert 129
Zweite Umkehrung 55, 56